ENGLYNION A CHERDDI
T. ARFON WILLIAMS
Y Casgliad Cyflawn

Eirlys

ENGLYNION A CHERDDI T. ARFON WILLIAMS

Y Casgliad Cyflawn

Golygydd: Alan Llwyd
gyda chyflwyniad gan Emyr Lewis

Cyhoeddiadau Barddas
2003

Argraffiad cyntaf: 2003

ISBN 1 900437 58 9

Cyhoeddwyd gyda chymorth ariannol Cyngor Llyfrau Cymru.

Cyhoeddwyd gan Gyhoeddiadau Barddas

Argraffwyd gan Wasg Dinefwr, Llandybïe

RHAGAIR

Cyhoeddodd T. Arfon Williams dair cyfrol o gerddi yn ystod ei fywyd, a chefais y fraint a'r pleser o dywys y tair drwy'r wasg. *Englynion Arfon* (1978) oedd ei gasgliad cyntaf, a gyhoeddwyd gan Wasg Christopher Davies. Gwasg Dinefwr, Llandybïe, sydd bellach â'r hawl ar holl deitlau Cymraeg Gwasg Christopher Davies, a chefais ganiatâd parod y wasg i gynnwys pob un o gerddi *Englynion Arfon* yn y casgliad hwn. Cyhoeddwyd y ddwy gyfrol arall, *Annus Mirabilis a Cherddi Eraill* (1984) a *Cerddi Arfon* (1996) gan Gyhoedd-iadau Barddas, ac fe gynhwyswyd pob un o gerddi'r ddwy gyfrol hyn yn *Y Casgliad Cyflawn*.

Er mai teitl y gyfrol hon yw *Englynion a Cherddi T. Arfon Williams: Y Casgliad Cyflawn*, ni chynhwysir yma bopeth o waith T. Arfon Williams, a gellid dadlau nad casgliad cyflawn mohono o gwbwl. Penderfynais beidio â chynnwys nifer sylweddol o gerddi yn y gyfrol, gan na fyddai Arfon ei hun, 'rwy'n bur siŵr o hynny, wedi dymuno eu cynnwys – cerddi cyfarch hwyliog, cerddi wrth gyflwyno anrhegion, cerddi yn enwi'i blant ar gyfer brodwaith, a cherddi tynnu coes, ac yn y blaen. Mae'n gasgliad cyflawn, mi obeithiaf, yn yr ystyr mai cerddi gorau Arfon yn unig a geir yma, y cerddi y teimlwn i yn bersonol eu bod yn cynrychioli Arfon ar ei orau.

Ni chynhwysodd Arfon nodiadau ar gerddi ac englynion ei gasgliad cyntaf, *Englynion Arfon*, ond fe wnaeth hynny yn y ddau gasgliad arall. Ychwanegais at y nodiadau hyn, gan lunio hefyd ychydig o fân nodiadau ar *Englynion Arfon* ac ar y 'Cerddi Eraill'.

Yn *Englynion Arfon*, y gyfrol gyntaf, ceir prif lythyren ar ddechrau pob llinell, ond nid felly yn y ddwy gyfrol arall. Er mwyn cysondeb rhoddais lythyren fechan ar ddechrau pob un o linellau'r cerddi a'r englynion a gyhoeddwyd yn wreiddiol yn *Englynion Arfon*.

Cefais gymorth enfawr gan Einir, gweddw Arfon, a bu'n hynod o gefnogol o'r cychwyn i'r syniad o gasglu gwaith Arfon ynghyd mewn un gyfrol. Casglodd ddeunydd ar fy nghyfer, a sbardunodd eraill – cyfeillion a pherthnasau – i anfon englynion o waith Arfon ati. Ni allaf ddiolch digon iddi hi nac i aelodau eraill o'r teulu am eu brwdfrydedd, eu cymorth a'u cymwynas. Yn wir, heb Einir ni fyddai'r casgliad cyflawn hwn yn bosib. Anfonodd doreth o ddeunydd ataf, ac fe gynhwyswyd y deunydd hwnnw yma, dan y pennawd 'Cerddi Eraill'. Mae cyfran sylweddol o'r cerddi hyn yn gerddi a luniwyd gan Arfon ar ôl i *Cerddi Arfon* ymddangos ym 1996 a chyn ei farwolaeth annhymig ym 1998.

Dymunaf, yn ogystal, ddiolch i'r Prifardd Elwyn Edwards am sawl cymwynas, ac i'r Prifardd Emyr Lewis, un o gyfeillion Arfon, am ei Gyflwyniad cynnes i'r casgliad, ac i Wasg Dinefwr am ryddhau *Englynion Arfon* inni ac am ei gwaith glân a graenus, yn ôl ei safonau arferol.

Alan Llwyd

CYNNWYS

ANNUS MIRABILIS
A CHERDDI ERAILL (1984)

Duw a dyn

Teulu, talaith

CERDDI ERAILL

Cerddi cred

Cerddi teulu a cherddi cyfarch

CYFLWYNIAD

gan Emyr Lewis

Pan ddaw'r casgliad cyflawn hwn o waith T. Arfon Williams o'r wasg, fe fydd hi bron yn ddeng mlynedd ar hugain ers i Arfon ymddangos, o nunlle megis, yn un o feirdd caeth mwyaf medrus a dylanwadol chwarter olaf y ganrif ddiwethaf.

Yn wahanol i'r rhan fwyaf sy'n ymhél â'r gynghanedd, ni fu cyfnod maith o brentisiaeth, na chwaith gyhoeddi *juvenilia* a fyddai'n peri embaras i'r bardd aeddfed. 'Roedd Arfon yn fardd cyflawn o'r cychwyn, fel pe bai'r ddawn i farddoni wedi disgyn arno drwy rym hud a lledrith, yn debyg i'r hyn a ddigwyddodd i Gwion Bach yn chwedl Taliesin.

Gellir dweud rhywbeth tebyg am ei englynion, hefyd. Yn y cyfnod cynnar hwnnw, byddai criw ohonom yn arfer cwrdd yng nghartref Arfon yn Heol Don, Caerdydd, i lunio englynion a rhoi'r byd yn ei le. Ar yr achlysuron hynny pan fyddai Alan Llwyd yn aros gydag Arfon, byddai gofyn i Alan osod tasg i ni a thafoli'r englynion. Tra byddai'r gweddill ohonom yn straffaglu i weithio englyn cywir a dealladwy, byddai Arfon wedi creu cerdd berffaith o englyn; englyn a oedd mor afaelgar neu ddwys o ran synnwyr, ag yr oedd yn syfrdanol o ran crefft.

Byddai cydweithio ag Arfon mewn tîm ymryson yn brofiad tebyg. Tri ohonom yn bustachu yn erbyn y cloc i baratoi englyn ar y cyd, gydag Arfon, rhwng tynnu'n feddylgar ar ei getyn, yn cynnig geiriau, odlau, llinellau, gan wnïo ein deunydd crai ni at ei gilydd yn ymdrech ddigon teilwng i foddhau'r meuryn. Ochenaid o ryddhad wedyn gan bawb fod y dasg wedi ei chwpla, cyn i Arfon, yn ei ffordd ddiymhongar, dynnu tamaid o bapur neu gerdyn o'i boced gan ddweud, "Mae hwn gen i hefyd". Ac yn ddieithriad, byddai'r englyn a oedd wedi bod ym mhoced Arfon drwy'r cyfan yn rhagori ar y llall, er nad oedd dim syniad gennym pryd na sut y cafodd y cyfle i'w lunio.

Mae llawer wedi ei ddweud a'i ysgrifennu am y dylanwad a gafodd Arfon ar y grefft o englyna: am yr englynion un-frawddeg, delweddol a oedd yn torri ffiniau heb dorri rheolau, ac y daethpwyd yn fuan iawn i'w galw'n 'englynion Arfonaidd'. Am y rheswm yma, maddeuwch i mi am beidio â mynd ar ôl y trywydd hwnnw yn y cyflwyniad hwn. Yn hytrach, 'rwyf am ddilyn y llwybr anffasiynol, ond angenrheidiol, o sôn am sut y gall gwaith Arfon ddangos i ni rywfaint o'i gymeriad twymgalon, cytbwys a chlên.

Yn bennaf ac yn gyntaf, dyn ei deulu oedd Arfon. Mae ei gariad at ei wraig Einir yn thema gyson yn ei englynion, o'r cychwyn cyntaf at y diwedd. Nid oedd Arfon yn swil o gyhoeddi ei englynion serch, er mor bersonol eu cynnwys. Mae gan esgyll (dwy linell olaf) 'Englyn Mwys i Einir', o'i gyfrol gyntaf *Englynion Arfon*, er enghraifft, arlliw a thôn sibrydion chwareus cariadon:

> Pa amwysedd rhyfeddach? – â'i hoedran
> bob Hydre'n ieuengach
> ryw fodd, wele f'Einir fach
> fu'n dlos yn tyfu'n dlysach.

Ond, mae'r englyn yn gwneud mwy na hynny. Fel cerdd T. H. Parry-Williams 'Dau Hanner', mae'n defnyddio gwrtheb (mynd yn iau wrth fynd yn hŷn) fel man cychwyn ar gyfer myfyrdod metaffisegol ynghylch y broses o heneiddio. Yn wahanol i sgeptigaeth hunan-ganolog Parry-Williams, fodd bynnag, mae englyn Arfon yn ddathliad o sut y mae cariad rhamantus yn gallu cryfhau a dwysáu dros amser. Nid 'O Fi fy Hun' y mae Arfon yn ei gyfarch, ond 'f'Einir fach', a'r gair mwys yn ein hatgoffa o 'Tra bo Dau'.

Mae'r hyder hwn yng ngrym cariad rhwng dau yn enghraifft o nodwedd arbennig ym mhersonoliaeth ac yng ngwaith Arfon, sef ei duedd i fod yn gadarnhaol ac yn obeithlon. Er ei fod wedi ysgrifennu sawl englyn trawiadol o ddwys, nid y cywair lleddf yw ei gywair naturiol. Yr oedd yn Gristion o argyhoeddiad dwfn. Dyma oedd ffynhonnell ei optimistiaeth. Yn ei englyn '*Gloria in Excelsis Deo*', er enghraifft, mae'n ystyried ffenestr liw:

> Ofer pryder oherwydd ar oerni'r
> hirnos tyrr y wawrddydd
> yn oleuni ysblennydd
> a chynnes drwy ffenestr ffydd.

Gellid dweud bod yr ymadrodd 'Ofer pryder' yn crisialu agwedd Arfon at y byd. Gwastraff amser yw pryderu, mae gwychder amryliw y cread yn beth rheitiach i ni feddwl amdano.

Er y ffydd fyrlymus hon, nid un naïf fel person nac fel bardd ydoedd.

’Roedd yn deall yn iawn wendidau pobl yn ogystal â’u cryfderau, creulondeb natur yn ogystal â’i harddwch, a gormes amser yn ogystal â’i gyfleon. Byddai’n defnyddio’r dechneg o bersonoli natur, misoedd, tymhorau yn aml er mwyn edrych ar y naill ochr neu’r llall o’r ddeuoliaeth hon. Yn ei englyn ‘Ar Alban Hefin’, er enghraifft, mae’n gweld y flwyddyn fel bywyd person:

Diddiwedd yw’r rhyfeddol, er mor wych,
er mor iach yw canol
oed yr Haf daw ar ei ôl
y dihoeni syfrdanol.

Mae’r llinell olaf yn wrtheb frawychus o drawiadol, wedi llif esmwyth, sgyrsiol yr englyn hyd at y pwynt hwnnw. Mae’r gair ‘dihoeni’ yn awgrymu proses araf. Mae’r gair ‘syfrdanol’ yn gwrth-ddweud hynny. Ac eto, o ail-ddarllen yr englyn, sylwn fwy, efallai, ar y ddihareb o linell gyntaf nodweddiadol. Mae hon yn gyflwyniad ac yn angor, rywsut, i weddill y gerdd, yn llinell o gynghanedd Lusg dawel, nid ‘trawiad newydd’ disglair o gynghanedd gytsain. Y rhyfeddod distaw, yn y pen draw, sy’n ddiddiwedd, nid y syfrdanu swnllyd.

A dyna’n wir natur Arfon Williams ei hun. Dioddefodd salwch creulon iawn, ond trwy gydol yr adeg honno, cadwodd ei ffydd, ei obaith, ei allu i ryfeddu’n dawel a’i hiwmor. (’Roedd ei hiwmor yn cynnwys elfen gref o chwerthin am ei ben ei hun. Pan gyhoeddwyd ei ail gyfrol, *Annus Mirabilis a Cherddi Eraill*, awgrymodd rhyw wàg mai ‘Hanes Marblis’ oedd yr enw cywir arni. ’Doedd neb yn chwerthin mwy am hyn na’r meistr chwarae-geiriau, Arfon ei hun, yn enwedig gan fod rhywbeth mor bitw â marblis wedi disodli enw Lladin crand ei lyfr.)

Yng nghartref Arfon ac Einir yng Nghaeathro, Y Wern, mae olwyn ddŵr. Gweithiodd Arfon englyn iddi. Yr englyn hwnnw sydd i’w weld wedi ei ysgythru ar y Tlws Coffa a roddir bob blwyddyn yn yr Eisteddfod Genedlaethol i’r englyn cywaith gorau yn Ymryson y Beirdd. Mae’n crisialu athroniaeth, a phersonoliaeth dawel, obeithlon a dirodres Arfon Williams:

Gyda’r gaea’n troi’n wanwyn rhoi yn hael
a wna’r nant bob galwyn
o’i dŵr hi, a gweld yr wy’
na reolaf yr olwyn.

ENGLYNION ARFON (1978)

Cred

Eden

Bu sarff llawn ystryw rywbryd yn estyn
melyster; o'i gymryd
anfoes a ddaeth i wynfyd,
sawr brwmstan i berllan byd.

Y Cwymp

Caed siom mwy trist na thristyd yn nadrith
diniweidrwydd mebyd,
ias o ofn trwy ddisyfyd
ddyfod o bechod i'r byd.

Y Ffrwyth

Er rhoi i Adda bêr abwyd, yr oedd
i'r ffrwyth a gynigiwyd
galon fall; o'i gael yn fwyd
asbri'r gelli a gollwyd.

Y Seren

Ni wibia Seren Gobaith, ei llewych
sy'n lleuer i'n hymdaith
anorfod gan droi'n hirfaith
nos yn ddydd, a'n ffydd yn ffaith.

Y Gair yn Gnawd

Nid yw yn Ei arbed Ei hun, o'i ras
ymroi'n ddiwarafun
mae Duw i broblemau dyn
a rhoi'i ateb mewn crwtyn.

Y Dirgelwch Mawr

Bu'r Fair Wen, y buraf o'i rhyw, yn dwyn
un dinam; y cyfryw
Mysterium Tremendum yw,
dyndod a Duwdod ydyw.

Y Newydd Da

Ehed ein diffyg dirnadaeth yn awr,
ffy niwl ein hamheuaeth;
i genhadlom genhedlaeth
gwas o Dduw'n negesydd ddaeth.

Y Bywyd Newydd

Fe fynnodd Yr Hen Ddihenydd ymweld
â Mair, ac o'r herwydd
diniwed fywyd newydd
y nos hon i ninnau sydd.

Nadolig

Er llawenydd i'r llinach, i feudy
o fyd fe ddaeth bellach
y Duw byw yn blentyn bach
na welir Ei anwylach.

Y Geni

Dedwydd ddigwyddiad ydyw! – o'i cheufedd
dyrchefir dynolryw;
mae mymryn o ddyn yn Dduw,
plentyn yn arddun Wirdduw.

Ymson Mair

Heno datgelwyd i minnau paham
y mae pen y bryniau
oll yn oll yn llawenhau:
mae'r achos yn fy mreichiau.

Mair

Daw o wyry iachawdwriaeth yn ei thro;
    â thrwyth llygredigaeth
  ar dagu'r greadigaeth,
  yn ei le rhydd hithau laeth.

Y Doeth a Ŵyr

Isod i lety'r tlodion daw aer Duw;
    i'r doeth y mae'r Gwirion
  tlawd yn frawd, cans ger Ei fron
  ysigir tywysogion.

Y Rhoddion

Anrheg aur i'r Un Rhagorol a rown,
    thus yn rhad i'r Nerthol;
  gan gwblhau ein ffafrau ffôl
  rhown fyrr i'r Gŵr Anfarwol.

Awn i Fethlem . . .

A eilw i weld y plentyn glân ei wedd
    ymlonydda'n syfrdan;
  yn chwil wyllt mae'r byd achlân
  am wibio heibio'r baban.

Wrth y Crud

Ni all dynion yn eu gwylltineb gael
ond gwellt anwarineb
i'w porthi, ac ni wêl neb
y rhosyn yn y preseb.

Wrth y Crud

Mor fwyn ydyw'r wên ar wyneb ein Duw;
mae'n dalp o anwyldeb,
yn gariad er nad oes neb
yn brysio at ei breseb.

Y Goeden Nadolig

Rhydd Tad y tirion ogoniant wydden
dragwyddol ei thyfiant,
a'r blin anniolchgar blant
ei hanrhegion a rwygant.

Y Goeden

Llu Nef fydd yn llawenhau y dwthwn
y gwelwn ei golau
yn glir, a chrogir yn glau
angau'i hun o'i changhennau.

Y Butain

O'i phen hi gododd ffynnon ei thresi'n
    hyfrydli afradlon
  a throi, 'rôl chwilio'i chalon,
  raeadr aur am draed yr Iôn.

Y Clorian

Mae Iesu'n cynnal fy mhwysau, yn lân
    ar led gwelaf freichiau
  Duw'n ei ing ar goeden au
  yn dwyn fy mhechod innau.

Yr Allwedd

Yn isel ddiymgeledd y'n dygir,
    ond egyr Etifedd
  y Duw Byw gloeon y bedd
  a'r felan dry'n orfoledd.

Yr Atgyfodiad

Nid anffawd fu taflu Awdur ein ffydd
    i ffau; Ein Penadur
  a gododd, malodd y mur,
  a chydio mewn pechadur.

Y Trydydd Dydd

Er dial ar Ddialydd a lwyddodd
i'w luddias am ddeuddydd
yr Iôr a dorrodd yn rhydd
a rhodio fore'r trydydd.

Yr Helfa Fawr

O'r môr fe geir llawer mwy o bysgod
gwledd Basg anllygradwy;
onid oes i'w codi hwy
un â rhwyd annhoradwy?

Yr Achubwr

Yn eigion fy nrygioni fy hunan
'rwyf innau ar drengi;
eto gwn na foddaf i:
dod mae Ceidwad i'm codi.

Y Ffynnon

Yr eglwys 'all roi yn ei threiglad harddwch
gwerddon ar ein treftad;
gwael a hyll a fydd ein gwlad
os llwgwr glas ei llygad.

Y Goleudy

Yn yr eglwys, rhag peryglon y dwfn
ar y daith dros eigion
sinistr, rhag dinistr y don,
rhown dân i arwain dynion.

Llyn Bethesda

Gwelwn mai ein gwrthgiliad yw achos
afiechyd gwareiddiad,
a down at dy lyn, O Dad,
gan erfyn am gynhyrfiad.

Eryr mewn Eglwys

Ar ei war ehedeg yn rhydd a wnaf
i'r nefoedd ysblennydd;
gŵyr y ffordd â Gair y Ffydd
ar daen ar ei adenydd.

Colomen mewn Coedlan

Mor glòs yw'r muriau eglwysig, y coed
sy'n cau anfonedig
Angel Sanct yng nghlas y wig
yn gaeth mewn cawell gothig.

Ogof Platon a Drych Paul

Edrychwn, rhythwn ar rithiau'n ei thawch
cans ni theifl pelydrau
y golau pell i'r gell gau
anoddun, wirioneddau.

Yma'r Gwirionedd ni feddwn yn llawn –
nid y llun a welwn
â'n llygad yw'r cread crwn:
ar y drych yr edrychwn.

Y Fodrwy

Teimla'r mab gadd ei waddol a'i wario
yn wirion hunanol
yn awr, wedi dod yn ôl,
rin y fodrwy anfeidrol.

Ann Griffiths

Dofir gwylltineb mebyd; rhyw hoeden
ddireidus ei hysbryd
oedd Ann, oni chafodd hyd
yn Nolwar i'w Hanwylyd.

Yn ddall gan rym rhyw allu anorthrech,
am wrthrych i'w garu
ysu wnaeth, a cheisio'n hy
gusan ddihalog Iesu.

Y danbaid eneth a lethwyd, yna
derbyniodd i'w haelwyd
Iesu'n ŵr, ac eirias nwyd
ei chalon aruchelwyd.

Ann Griffiths

Yn llesg bererin, blinais ar y byd
a'r boen sy'n dilyn trais ei rym di-ffrwyn;
yn glir, er garw glais, drwy ryfedd swyn
yn Nolwar gwyrth a welais: yno'n glyd
chwaraeai hi, iâr fach yr haf, ar hyd
yr ardd, gan ddawnsio'n braf o lwyn i lwyn.
Llawen oedd haul Gorffennaf, hithau'r fwyn
yn glws ac eto'n glaf – yn welw'i phryd.

Arhosodd ar y rhosyn yn ei thro
a throi i sugno'n syn ei neithdar glân,
blasu pob pêr ddiferyn ynddo fo,
y gwaed yng nghraidd y gwyn betalau mân.

Ond darfu'n sydyn, ac ar hyn tua'r gro
i waered aeth, a'm calon i ar dân.

Ann Griffiths

Dygyfor cân y forwyn o'i hiraeth
am ei chariad addfwyn,
am ei weld, y Gwrthrych Mwy'n
ymweld â bryniau Maldwyn.

Ann Griffiths

Fe ddeil ei cherdd angerddol i ganu
am gynnig rhyfeddol –
hedd a ffafr, er trosedd ffôl,
yn angau'r Oen cyfryngol.

Ann Griffiths

Megis dros sŵn t'ranau distryw, atom
daw eto yn hyglyw
weddi Ann am arch o Dduw
a'n deil yng ngrym y dilyw.

Ann Griffiths

Neidio rhag penllanw'r Duwdod a wnaf
gan ofn Ei adnabod,
ond Ann, â'r ymchwydd yn dod,
a foddodd mewn rhyfeddod.

Y Disgybl

Gwyn fyd y gennad na 'mado â'r llwybr;
â'r lleill oll yn gwyro
ar y daith, eithriad yw o –
onid eithriad ei Athro?

Y Glyn

Yn ei ddwfn ni dderfydd ofnau yn hawdd,
'dyw nawdd ei fynyddau
ond twyll, nid yw'n caniatáu
dengyd rhag cysgod angau.

Ebeneser

(*Fore'r Nadolig '77, yr oedfa olaf yn Ebeneser,
Caerdydd, cyn dymchwel y capel*)

Rhown glod! Canys er difrodi ein teml,
    gwneud tomen ohoni,
  mae Un sy'n fwy na meini,
  arno Ef mae'n hyder ni.

Llawenhau mewn pabell newydd a gawn,
    ac yno'n bobl ufudd,
  hoff o waith, fe dry ein ffydd
  yn ffaith yn llaw'r Perffeithydd.

Pontypridd

Er rhwygo o'i charegwaith gan y lli,
    agennu'i llech sawl gwaith gan rym y dŵr,
  ni wybu ef anobaith, gwendid gŵr
  a welo gwympo'i gampwaith – cododd hi
drachefn; gan drechu'i ofnau mawr eu rhi'
    ymroes i'w chadarnhau ar seiliau siŵr;
  yn ddedwydd er hyrddiadau'r storm a'i stŵr
  yn llu rhwng ei chanllawiau cerddwn ni.

Bellach nid oes un achos, o daw'r glaw
    a duo'r glyn a'r rhos ar gais y gwynt,
  in ofni Cynydd Cyfnos, Brenin Braw,
  hyenwaedd ei gŵn annos ar ein hynt.

Yn rhydd a diogel ar yr ochor draw
y'n ceir dros bont yr hen weinidog gynt.

Bywyd

Adduned Blwyddyn Newydd

Y baban na fu'i lanach a anwyd
yn Ionor yn holliach
a lorir fel hen gleiriach
o eisiau bwyd ym Mis Bach.

Adduned Blwyddyn Newydd

Ddechrau Ionor, hardd a chroeniach yw'r llanc;
her llew sy'n ei lamsach;
try'n debyg i lyg legach
ma's o bwff erbyn Mis Bach.

Yfory

Ddoe a ffodd a heddiw a ffy; wele'u
hudoliaeth a'm gedy.
Er eu swyn, pa amser sy'
fedd gyfaredd yfory?

Yr Hen Ŵr a'r Wenynen

'Rwy'n hen, 'rwy'n ddall, ni allaf weled mwy
olud Mai, ond clywaf
obry, pan lesg ymlwybraf,
isel lais yn sisial – 'Haf'.

Gweddi'r Hen Bobol

Iôr annwyl, ein Harweinydd, rho inni
drwy'r anial ddiwetydd
yr ias o gael cyrchu'n rhydd
hen werddon ein cynarddydd.

Cartre'r Hen Bobol

Daw pererin a flino i westy
i ddistaw ymlacio,
a chael yn ei glydwch o
win solas wrth noswylio.

Y Gog

Lonned ei deuair delyneg: hi bair
i'n bore ehedeg;
yn ein p'nawn ni chawn o'i cheg
ond dyri o watwareg.

Y Barcut

Fe dderfydd ein hafiaith weithion a'n sbort,
    cans bwrw ei olygon
  ar hyd yr hen ddaear hon
  wna'r un trech o'r entrychion.

Gwe'r Pry' Cop

Cyn chwerthin, gwell i ninnau ystyried;
    ar led rhwng y blodau
  'n ddiabred i wybed wau
  rhoed i hongian rwyd angau.

Gwe'r Pry' Cop

Rhwyd angau roed i hongian; er yn fudr
    fe dry'r hen fagl aflan,
  o'i dyfrhau â gleiniau glân
  aneiri'n olwyn arian.

Gwe'r Pry' Cop

Ias hyfryd ge's o hofran fel y clêr;
    ers amser 'rwy'n simsan –
  daw'n glau i minnau'n y man
  wefr oer ar wifrau arian.

Pridd

Mam yw'r ddaear a garaf; o'i thirion
berfeddion hanfyddaf,
a 'nôl i'w chôl dychwelaf
i gysgu: mae'r bru mor braf.

Yr Ogof

Er gloddest ei phenarglwyddiaeth a'i rhemp,
rhyw hen ofnadwyaeth
i'w sydyn ddychryn a ddaeth –
aildwnela dynoliaeth.

Gwallt Dyn

Fel nionyn bu'n foelyn unwaith, eto
er rhwto'n llawn gobaith,
â dyn, cyn diwedd y daith,
fel 'lwlen o foel eilwaith.

Gwallt Merch

Ers oes Efa bu'r abwyd yn denu,
a dynion a ddaliwyd
dan gyfaredd ryfedd rhwyd
o sidan a osodwyd.

Cyngor

Gocheler y feinir ddirym; o sws
ei siswrn daw'n gyflym
anorfod ryndod ar rym,
simsanrwydd i Samsonrym.

Danadl Poethion

Ar dy fraenar daearol, os heuaist
bwysïau anfuddiol,
yn iawn, cyn cerdded yn ôl,
dylet dyfu dail tafol.

Ysgolor

Un diwyd sy'n ceisio deall a ddeil
ei ddwrn am yr ysgall
yn dynn iawn, hyd oni all
g'wiro a dysgu arall.

Dwrn

Try saffrwm anturus effro, caled
fel cwlwm tra'n gwthio
yn gryf trwy 'styfnigrwydd gro,
yn gariad pan agoro.

Mewn Carchar

Gwyro'n isel mewn seler wna'r rhelyw,
ond treulio'r cwrs amser
ar ei hyd yn ddibryder
wna'r sawl a ddarganfu'r sêr.

Y Galon

Er taered ydyw'r taro ynot ti,
nid dwrn sydd yn ffustio
'n ei lid dan y fynwes glo:
cariad sydd wrthi'n curo.

Potel

Y baban wybu obaith a chysur
cael ei chusan unwaith
unig yw, a phlyg i'r gwaith
benelin baban eilwaith.

Streic

I'r gweithiwr, 'nôl ei ddolef, fe roesom
ni friwsion. Eu goddef
echdoe a ddoe ydoedd ef;
heddiw, ni sy'n dioddef.

Y Meddwl Chwim

I dipyn o ffŵl sy'n bŵl ei ben, camp
yw cwympo brenhinbren;
er cryfed, praffed y pren
fe'i holltir gan y fellten.

Tân

Unwaith bu'n fflamu ynof yn eirias;
yn awr beth ddaeth trosof?
e geir cols yn tagu'r cof
a'r hen angerdd dry'n angof.

Ochenaid

Yn brudd araf gerddaf y bryn; isod
mae gwefusau'r dyffryn
ar glo, eto chwilio'r glyn
y mae'r awel am Rywun.

Yr Isymwybod

Trigolion Cantre'r Gwaelod, er yfed
canrifoedd o dywod,
yn welw fyrdd sy'n dal i fod
a than arfaeth anorfod.

Y flwyddyn a'i thymhorau

Cawod Eira

Daw'r nos â chawod flodau a gollwng
i'r gwyll eu petalau
fil ar ôl mil – wrth ymwáu
meimiant Fendith y Mamau.

Cawod Eira

Os oer fy nghartre nid yw heno'n llwm,
mae llyn ger ei fondo
lle daw bras frithyllod bro
amgylch ogylch i heigio.

Dan Gawod Eira

Ai haint anaele yw hon, o'i herwydd
ai marw y bydd Arfon,
ai trech y frech ar ei fron,
ai'r Pla Gwyn yw'r plu gwynion?

Eira Mawr

Daro di! Artist tristyd; e lwyddaist
i ladd yn ddisyfyd
â'th baent amrywiaeth y byd
a chreu unlliw dychrynllyd.

Eira Mawr

Mewn llewyg mae cwmni llawen y maes –
mae isod mewn carthen;
ca'dd frech ac aeth ei grechwen
yn fud ulw dan y Fad Wen.

Eira Mawr

Camodd fel llofrudd i'n cwmwd, anian
wenwynodd â'i wermwd;
y fro fu unwaith yn frwd
a fygodd gyda'i fwgwd.

Eira

Heddiw, ar daith flynyddol i'n gerddi
daw'r Garddwr rhyfeddol
ry wyrth o wanwyn ar ôl
hau eirlysiau arloesol.

Barrug

Er fy syndod, pan godaf, gruddiau'r glyn
yn welw-wyn a welaf;
er hyn nid yw'r glyn yn glaf:
byr yw gwewyr y gaeaf.

Gobaith

Eleni ni ddigalonnaf – â'r wlad
dan oer ludw'r Gaeaf –
oni rydd megin yr Haf
ryw ffenics yng Ngorffennaf?

Dadmer

Hwyrach y llwydda'r ddaearen i fyw;
o fwa'r ffurfafen
anelir saethau heulwen
oni syrth yr arthes wen.

Dadmer

Gwenwisg sidanwych a wisgwyd gynnau
ond y gŵn a dreuliwyd,
a rhacsen o wlanen lwyd
oedd y wisg a ddiosgwyd.

Y Ddaear yn Dadmer

Na wad, ferch, 'rwyt wrth dy fodd: priodfab
prydferth a gyfododd,
llathr ruddem ei drem a drodd,
gwe dy dudded a doddodd.

Mis Bach

Mae'n wir na chaf faith areithiau i'w dweud,
ond Awdur yr Oesau
ddyry i mi'n Ei ddramâu
ran fechan rhwng cromfachau.

Clwy'r Gwanwyn

Herfeiddiol a fu'r oer feddyg o wynt
yn diheintio'r goedwig,
eto trech yw'r frech ar frig:
mae'n hen dwymyn endemig.

Blodau'r Eithin a Chlychau'r Gog

Ym mis Mai cawn weld ucheldir â'i liw
fel haul y cyfandir
yn aur – ac mewn coedlan ir
cawn weld y Môr Canoldir.

Y Serenllys

Syrthiodd Nef i'r llechwedd heddiw, a'i sad
gysodau sy'n chwilfriw;
chwery'r haul ar ochrau'r rhiw
â Serenllys arianlliw.

Mis Mai

Bwrw i'r llawr bu Ebrill oriog ei had
yn gawodydd gwresog;
lle bu'r glaw mae llwybr y glog
yn fach a'i gloddiau'n feichiog.

Mis Mai

Os ar dwyn bu'r gwanwyn gwynias hwyrach
yn chwarae o gwmpas,
geilw'r glyn ei fiwglwyr glas
i barêd y briodas.

Mis Mai

Daw haul â'i hud-wialen, ac wele
mae'n galw'r eithinen
i'r ffair, gan roi ar ei phen
ysgafala, wisg felen.

Mis Mai

Wrth weld hen dyrfa'r gloddfa glai yn wan
dorcalonnus fintai,
codi'r bwrn ar ei siwrnai
mae'r grym mawr a geir ym Mai.

Mis Mai

Gwelaf goelcerth drwy'r perthi, ond eira
sy'n dirwyn amdani,
ac ar hyn 'rwy'n gwirioni –
mis di-fai yw Mai i mi.

Mis Mai

Oesoedd bu'n bwrw'i phrentisiaeth, er hyn
ar riniog dynoliaeth
colli galwyni o laeth
mae Mai heb ddim amheuaeth.

Mis Mai

Cilio'n ôl wna marwolaeth, oherwydd
Mai'r forwyn ry'n helaeth
yn ffiol y ddynoliaeth
yn rhad gyflenwad o laeth.

Mis Mai

E ddigwydd yn ddiogel; ceir cnydau
yn dyrrau hyd orwel
yn braw i'r haul a'r awel
ym mis Mai fwrw eu Mis Mêl.

Ar fy Mhen-Blwydd ym Mai

Nid mor araf ei hafwynt; i mi mwy
y mae Mai'n llawn helynt
oherwydd troes yn gorwynt –
dyna'i gast – dod rownd yn gynt!

Ar fy Mhen-Blwydd ym Mai

Yn y man nid erys i mi, yn wyn
gan henaint, ond trengi;
ddraenen wen, pa oedran hi –
yn wanwyn o benwynni?

Gardd Mai

Wrth gerdded fe welodd Meiledi mor wael,
mor wag oedd ein gerddi;
yna'n ddoeth fe drefnodd hi
i'r lelog gwrdd â'r lili.

Mehefin Poeth 1976

O! am yfed ym Mehefin a'i wres
o radd anghyffredin
oer awel o fuelin
y foel lom – dihafal win.

Sychder Mawr 1977

Eleni'n rhwym dan dwymyn enterig
gwlad Affrig bu'r dyffryn
yn bur wael – ar groen y bryn
mae ôl y clefyd melyn.

Haf 1977 yn Nhryweryn

Nid brodor sydd yn lleibio'r llyn, nid haul
ond hŵr yf Dryweryn;
yn ei gwres Cymru a gryn
yn ofalus o felyn.

Haf 1977 yn Nhryweryn

Er rhoi arwydd yn Nhryweryn, adfer
Caledfwlch o furddun,
arwr ni ddaeth o Ferwyn
a'r llaw ddychwelodd i'r llyn.

Y Cynhaeaf

Gwelwn mewn cae gynhaeaf y flwyddyn
yn felyn gyfalaf;
cawn gywain cyn y gaeaf
yn bentwr aur, adnau'r haf.

Haf Bach Mihangel

Aros! 'Does diben it osod rhwyd aur
ar diroedd fy hafod;
onid wyt yn hwyr yn dod? –
bu eurych yma'n barod.

Haf Bach Mihangel

Paid bwrw heibio bob gobaith; cei, hwyrach,
y cariad aeth ymaith
o'r wlad gyda llygad llaith
yn ôl i wenu eilwaith.

Gwynt yr Hydref

Rownd y coed bu'r diwrnod cynt yn ysgwyd
y gwisgoedd oedd eiddynt;
daro'r sgamp! Fe droes y gwynt
ddoe'n Salomaidd ddawnslymwynt.

Gwynt yr Hydref

Â'i athrylith gythreulig, daw'n ddicllon
i gydio'n y goedwig,
dal rasal at wddw'r wig,
rhwygo'i siwt tra egsotig.

Y Goeden Nadolig

Yn enw Cariad, paid â'i gadel yn hagr
i wgu'n y gornel;
dwy owns neu lai o dinsel
wna'r wrach ddu'n briodferch ddel.

Addurniadau Nadolig

Llwm a thawel y gwelaf fy aelwyd
Nadolig, a chodaf
yn y tŷ, gan belled Haf,
liwiau gwiw pawl y Gaeaf.

Natur

Y Griafolen

Un tro, ar glo bu pantri'r glyn, – eira
gloes warws y dyffryn:
dwyn o 'stordy fry ar fryn
dda da aur 'roedd aderyn.

Y Dderwen

Holl heglog gyhyrog gewri y wig
gwrogaeth rônt iddi
gan geined, hardded hyhi,
mor hoywdeg ei mawrhydi.

Derwen yr Hydref

Chwithig gweld pendefiges fu'n yr haf
yn rhwysg o unbennes
yn yr hydre'n ddirodres:
'nawr y moch a bawr ei mes.

Derwen yr Hydref

Os ernes gaeaf droes arni ddeifiol
ddyfais i'w hamlosgi,
ai llwch fydd ei harddwch hi,
marwydos ei mawrhydi?

Y Fesen

Onid tynged fendigedig y fach
a fu'n ddirmygedig
yw dod i warchod y wig
ag ysgwyddau gosgeiddig?

Mes

Ni thyfai derwgoed coedwig oni bai'r
rhai bach gostyngedig;
y drom mewn mymryn a drig,
a chadarn mewn ychydig.

Yr Afallen

Â chaddug Medi'n hugan am ei remp
mae'r haf wrth fynd allan
eto'n cynnau torsau tân
yn haerllug yn y berllan.

Blodau'r Lelog

Lleuer yr Hollalluog yw'r tegan
goleulan ar lelog;
pob petal fel crisial crog –
onid ydyw'n odidog?

Blagur

Difyr gweld Mai yn dyfod â'i euraes
i'r maes gan ymosod
ar rai bach a pheri'u bod
yn soldwyr er eu swildod.

Blaguryn

I fachgen, camp gynhenid yw esgus
o gysgu dan gwrlid;
ernes gwres sy'n codi gwrid
hen ddiddiwedd addewid.

Y Llwynog

Dwys fel t'wysog eglwysig yw ei drem
wrth dramwy'n osgeiddig;
er rhodio'n dduwiolfrydig,
ryslar ieir yw Richelieu'r wig.

Hen Lwynog ar ei Liniau

(*'The English country gentleman galloping after a fox – the unspeakable in full pursuit of the uneatable.' Oscar Wilde*)

O Dad, â'r anhraethadwy ddienaid
ddynion, 'nôl eu mympwy,
ar fy nhrac, taer ofyn 'rwy' –
on' tydwyf anfwytadwy?

Y Pistyll

Er yn hen, pery'n heini; eto'i liwt
o lais fu'n telori
yn nyddiau'n hen neiniau ni
eilia unawd eleni.

Y Nant

Dan grechwen, hoeden a neidia yn rhwydd,
o reidrwydd raeadra';
os i ris o ris yr â –
bydd i'r dolydd ei dala!

Y Nant

Er ysu yn yr hosan, a phoeri
fel ffured yn strancian,
er uchel lef, ymdrech lân,
o f'anfodd 'rwyf yn f'unfan.

Sŵn y Dŵr

'Annoeth ni reol ei enau' na'r doeth
  ar daith yn y dolau,
 ond annoeth a doeth a dau
 ar grwydr ger y rhaeadrau.

Yr Afon

Pa werinol soprano sy'n gynnil
  ac yn swil ei solo
 na chais, fel dynes o'i cho',
 anturiaeth Oratorio?

Yr Afon

Taeraf mai'r un fu'n gantores feinwen
  ar fynydd sy'n fudes
 o fenyw lydan fynwes
 yn awr, â'i diwedd yn nes.

Yr Afon

Dilygredd yw d'allegro, er hynny
  dy rannau legato
 a dry'n aneglur ar dro –
 tendiwn dy rallentando.

Y Môr

Mae'n ei dangnef ryw wefr hyfryd, er hyn
fe geir ias ddychrynllyd
yn ein hesgyrn pan ysgwyd
y gwynt ein cawell ni i gyd.

Y Llyn

 charreg y'm hanrhegwyd, ond gemydd
digymar a gafwyd
i'w thrin, a'r hen lechen lwyd
yn saffirfaen drawsffurfiwyd.

Ar y Mynydd Bach

Obry gorffwysai'r wybren yn ei thro;
ar ei thraws fel mellten
y daeth bad, a daeth i ben
holl lonyddwch Llyn Eiddwen.

Y Ffynnon Olew

Mae draig dan amdo'r eigion yn esgus
cysgu, ond daw'n union
hen waddod o'i pherfeddion
yn ddu ffrwd pan ddeffry hon.

Daeargrynfâu

Hen wyddon y mynyddau dan ein traed
    yn troi mewn crochanau
  er rhwygo'r cadarn greigiau
  gronfeydd o ddaeargrynfâu.

Gwe Pry' Cop

Hyfryd yw gweled ei hofran herciog;
    mae fel barcut tegan
  i mi, ond i'r pryfed mân
  arswydus yw'r we sidan.

Tân

Wele'r fflam ry lam fel hydd ar ei drac
    ar draws hen fawnogydd;
  fel lluched y rhed yn rhydd,
  ar hast drwy hen fforestydd.

Tân mewn Fforest

Ewig, o losgi glasgoed, a neidia
    fel nodwydd drwy'r prysgoed,
  a'r carw a drywana'r coed
  â dartrym ei bedeirtroed.

Nos

Du yw'r wisg â baw yn drwch yn nyfnwe
defnydd y tywyllwch,
eithr y lloer sy'n gweithio'r llwch
yn frodwaith o hyfrydwch.

Bore

E gesglir tylluan gysglyd i'w gwâl,
a'r hen geiliog ddyfyd
ryw air bach a bair i'r byd
ymwisgo ac ymysgwyd.

Bore

Y mae'r haul ar drum a rhos â'i hirlam
yn erlid yr hirnos,
a'i wenau, ei gŵn annos,
yn hel llwynogod y nos.

Dagrau'r Bore

Ai tristáu o golli'r lleuad a bair
i'r bore roi'n afrad,
ar ôl agor ei lygad,
lathraidd wlith ar rudd y wlad?

Niwl

A fu rasgal cyfrwysgall a gwisgi
yn gwasgar yn ddiball
wadin o felin y fall
neu eira o'r 'lle arall'?

Niwl

Mud a gwelw o dan amdo gwyn, heddiw
fe gladdwyd ein dyffryn;
daw braw i gerdded y bryn
rownd ei ochrau a'n dychryn.

Yr Haul

Ar ei waith llygadrythu ni allaf
nes gollwng dan grynu
o'r gof arfau'i lafnau lu
yn y môr i'w tymheru.

Machlud Haul ar Loch Lein

Wrth weled llymed y lle o'i ado
mewn tlodi anaele,
un hwyr rhoes Arglwydd y Ne'
ei eurnawdd i Cill Airne.

Cerddorfa'r Wawr

Yng nghyngerdd y cyngherddau, i'n swyno
    ceir sain offerynnau
  adar byd i gyd yn gwau
  hen-newydd harmonïau.

Cerddorfa'r Wig

Yn hyrddiau er y wawrddydd, seiniau glân
    y gân fu ar gynnydd,
  a daw, ar ddiwedd y dydd,
  eco miwsic y meysydd.

Gwenoliaid

(*Rhwng polion teleffôn*)

Heidio maent fel nodau mud a swatio'n
    grosietau disymud,
  ond clywaf ymhen ennyd
  y gwifrau'n gwafrau i gyd.

Glas y Dorlan

Efallai wrth sefyllian y gweli
    o'r geulan yn hedfan
  yn syth o dwll, saeth o dân
  a dery darged arian.

Y Gog

Er mor dda clir aria eirias rhywun
fel Maria Callas,
oni chaiff gynhesach ias
a glyw iodl y gog lwydlas?

Y Gog

Rywfodd, er amled y profais gynnwrf
y Gwanwyn, ni flinais
ar gytgan dy leban lais,
nodau iodlio dy adlais.

Y Gog

'Rôl hoe dan y coed yn y cwm, sibrwd
a siffrwd mae'r saffrwm;
onid trech na'u cyntun trwm
yw teloriad dy larwm?

Coch y Berllan

I Ffair Fai ryw ddiwrnod braf iawn, y coed
â'u pocedi'n orlawn
o aur ddaeth – yn her i ddawn
yr esgudleidr wasgodlawn.

Coch y Berllan

Twyll yw parchusrwydd tu allan ei wisg –
mae'i wasgod yn aflan;
un garw am waed blagur mân
yw y sadist pensidan.

Coch y Berllan

Ofer y gwahardd garddwr i'r gwestai
tew goflaid da'i gyflwr;
myn fwynhau y seigiau'n siŵr –
acrobatic yw'r bwytwr.

Coch y Berllan

Cael ei ddileit mewn llymeitian yn hir
dan arwydd y sirian
lager a medd blagur mân
a'u seidir wna'r Bensidan.

Oriau Oes Iâr Fach yr Haf

Yr adenydd ordeiniwyd i hedfan
uwch adfyd lonyddwyd
yn awr, a chynnyrch eu nwyd
yn dawel a ddodwywyd.

A ddodwywyd mor freuddwydiol – mae'n troi
i gnoi yn egnïol.
Nid sws ry'r lindys ysol;
ar ei rawd 'fydd dim ar ôl.

Ar ôl encilio o'r heulwen mae'n delwi,
mae'n crogi mewn cragen,
dihoeni fel mymi hen
yn ddiolwg dan ddeilen.

Ar ddeilen fu'n obennydd i erthyl
daw gwyrthiol ailfedydd;
euraid wawr goleuni'r dydd
a daenir ar adenydd

Cyn y Storm

Rhedwn, wrth glywed yr udo tawel,
i'n tai ac ymguddio;
daw helgwn Annwn heno
o'r awyr i frathu'r fro.

Wedi'r Storm

Llifeiriant fu'n llafurio hyd yr allt;
dros y drain aeth heibio
yn ddi-hid, ond gwelodd o
y derwydd a'u pladuro.

Wedi'r Storm

Inni, yng nghanol Ionawr anghynnes,
y canghennau enfawr
a dowlwyd hyd y dulawr
yw cynhaeaf Gaeaf gawr.

Amrywiol

Y Glust

Chwit-chwat yw'r môr a diatal, er hyn
gellir hel amryfal
ganeuon y don a'u dal
yn hawdd mewn cragen feddal.

Asgwrn Cefn

Y 'Bachgen Doeth' uchod fu'n bodio lwmp
o glai gan ein mowldio
ni o laid ar ei ddelw O
a'n cynnal â'i fecano.

Mariwana

Diloches libart rheswm; a'r ddafad
ar ddyfod o'r hirlwm
edy'r rhos i bori'n drwm
ar laswellt ir Elysiwm.

Y Cryman

O'i drin bydd y gwan drueiniaid yn drech;
pan geir drain y Tsariaid
hyd yr ardd, onid o raid
y tery'r proletariaid?

Taid

Er ei hyned, er hanu o'i wreiddiau
o'r priddyn o'i ddeutu,
y gwir yw, â'r pren fu'n gry'
yn wan 'rôl ymganghennu.

Taid

Oedaf ar lan yr afon, a gweled
o'r geulan mai'n union
'run sbit, tra'n sbïo i hon,
â'r hen ŵr, un o'i wyrion.

Y Gromlech

Henwr o Gelt a wanwyd, ac eog
ei hoywaith a ddaliwyd
gan angau; â llafnau llwyd
eu hyfory dryferwyd.

Y Gromlech

Erydir tomen anrhydedd, a chwap
ni cheir ond dinodedd
ogof wag dan garreg fedd
igam-ogam ei hagwedd.

Y Cwm

Y tir uchel lle bu'r heliwr yn ben –
Mab Anac o ffermwr
i'w droi ddaeth ag aradr ddŵr;
nid gwyllt lle rhoed ei gwlltwr.

Cymoedd Morgannwg

Y dŵr fu'n cyson daro ei gwlltwr
i'r gwylltir gan ado
yn rhychau ar fryniau'r fro
ôl ei raddol wareiddio.

Bro Morgannwg

Bobol y blaenau diolwg, camwch
o'r cymoedd a'u cilwg
i weld mor fras, ma's o'r mwg,
mor gain yw Bro Morgannwg.

I Gwm Rhondda

I'r cwm diogel dychwelaf yn fawr
fy hiraeth, a theimlaf
rym cyhyrau'r breichiau braf,
di-gryn yn dynn amdanaf.

I Gyfarch *Y Gloran*

(*Papur Bro'r Rhondda Fawr*)

Trwy'r fro'n ddi-baid gallai gwiwer neidio
o lwyn i lwyn nes dod i'w difwyno
Saeson a Gwyddyl a'i Seisnigeiddio;
'nawr mae un ddifyr ei chlonc yn sboncio
â'i chwt yn fflamgoch eto ar ei thaith –
gobaith yr heniaith yw'r wiwer honno.

R. E. Griffith

I hoywlanc unwaith 'doedd coed Glyn Cynon
oedd ddoe yma'n dal yn ddim ond olion;
bu'n troi hen gwysi, bu'n trin yn gyson
a deheuig ac wele blanhigion
yn gannoedd yn egino'n gadarnwydd
gwlad bwygilydd o'r herwydd yr awron.

I Gyfarch T. Emyr Lewis Llys-faen

(*Ar ennill tlws drama'r Urdd, 1976*)

Ystwyth yw'r ddawn artistig yn dy ben –
nid bardd wyt yn unig;
yn brawf, cyrhaeddaist y brig
yn y metier dramatig.

'Bu bron i'r beirniad Dr John Gwilym Jones beidio darllen drama enillydd y Fedal Ddrama yn Eisteddfod yr Urdd oherwydd fod ysgrifen y cystadleuydd mor flêr. Ond 'roedd yn werth ymdrechu i ddarllen.'

(*Y Cymro* 8/6/76)

Er gwael effaith heiroglyffic eiriau
synhwyrodd y critic
y gamp, ac esgyn yn gwic
o'r uffern galigraffic.

Blodau Rhiwbeina

(*Teyrnged i'r Bnr Gwilym Roberts, Sylfaenydd Ysgol Feithrin Rhiwbeina a'i Hysgrifennydd o'r cychwyn.*)

Nofydd, eu cwm cynefin, a gaewyd
gan y Gaeaf gerwin,
ond parhau wna'r blodau prin –
y mae athro a'u meithrin.

Eu meithrin yn ddiflino ar waethaf
yr heth fyn eu cipio,
yn ddi-baid eu cofleidio
â'i ddihafal ofal o.

Â'i ofal o'n dal fel hyn, yn wastad
drostynt yn amddiffyn,
gwêl y loes a gloes y glyn
anodded difa gwreiddyn.

Pob gwraidd rydd dwf herfeiddiol, yn union,
yn hunan-gynhaliol,
yn iechyd i gyd, ac ôl
ynni'r athro'n aruthrol.

Aruthrol ryfeddol a fydd llewych
y lliwiau ysblennydd
ar bob llaw, pan ddaw ryw ddydd
wenau Haf i Gwm Nofydd.

Y Dewin – Alan Llwyd

Ail Gwydion yw pan lygado y byd,
â'i bin mae'n consurio,
sbectol hud ei sbectol o,
cyfaredd inc ei feiro.

Y Gynghanedd

Mae i'r awen amrywiaeth yn hytrach
na phatrwm unffurfiaeth
yn ôl gwib y wennol gaeth
ar wŷdd hen ein barddoniaeth.

Y Bardd

Pan welodd yr Awen 'rawenau'n dynn
    estynnodd gusanau,
  a'i gŵr, Houdini geiriau,
  gymrodd hwynt – ac ymryddhau.

Barddoni

Ar ruthr fyth wrth yrru ei fen, â'r bardd
    i'r berth yn dindraphen;
  nid heb ambell linell wen
  tragwyddol heol awen!

Y Bardd

Cynydd a gâr hela'r hydd, yna'i ddal
    yn ddof yw'r awenydd;
  eitha'r wefr mewn iaith a rydd,
  o'i geiriau gwna fagwyrydd.

Y Llenor a'r Bardd

Â preiddiau yr esgob rhyddiaith yn chwim
    ar chwâl i'r tir diffaith,
  eithr ei well sy'n plethu'r iaith,
  o'i geiriau gwna fangorwaith.

Englyn Mwys i Einir

(Ar ei phen-blwydd ym mis Hydref)

Pa amwysedd rhyfeddach? – â'i hoedran
bob Hydre'n ieuengach
ryw fodd, wele f'Einir fach
fu'n dlos yn tyfu'n dlysach.

Y Delyn

Er diddan sibrwd iddi, er ochain
â'm breichiau amdani,
mae'n swrth ar fy mynwes i
oni thrwsiaf ei thresi.

Y Delyn

Nid dyn a fu'n ei llunio; nage 'rioed.
Mi gredaf mai eiddo
Duw y gwaith, cans mynd o go'
wna'r byd pan eir i'w bodio.

Telynau

Hwyl fu trin y Wyddeles, ac ymroi
i'r Gymraes, y deires,
yn gamp, ond rhywsut mi ge's
ragor wrth deimlo'r Roeges.

Telyn Salvi

Wrth roi anwes i'w thresi, anwylo
â 'nwylo'i llywethi,
rhoi'i chwbl yn fy mreichiau i
yn swilfwyn wna Miss Salvi.

Telyn Erard

Gan mor esmwyth ei fwythau yw *masseur*
Miss Erard, yn donnau
dan ei gledr cyfyd yn glau
eithaf ei chynnwrf hithau.

Branwen

Bu'n gweini'n y gegin yn gaeth, yno
tylinodd ei halaeth
ac o'r noe gyrru a wnaeth,
ar dorri, ddrudwy'i hiraeth.

Y Ffin

Clywch floedd dros ddyfroedd Hafren: "Nid yw'r frwydr,
frodyr, wedi gorffen –
erys trais," medd aeres Tren,
"Chwi ieuengwyr, mae'ch angen!"

Cymru Fach

Heb obaith bellach yw'n baban, Gelert
a giliodd o'n trigfan;
yn ei le mae corgi glân
yn llyfu ei gynllyfan.

Ar Lan Bedd?

Gwelir y Gymru firain a garwn
yn gorwedd yn gelain;
oni fu ei byd yn fain
o'i phriodi â Phrydain?

Y Llechfaen

Er i was â chŷn a throsol weithio
yn eithaf egnïol
anodd iawn, o fryn fu'n ddôl,
hel giwana plygeiniol.

Y Llechfaen

Agorais gyfrol garreg, ond eithriad
o Athro Daeareg
a all ei deall yn deg
am mai pridd sy 'mhob brawddeg.

Y Llechfaen

Darniwyd ei chynnar deyrnas, a llorio
yn llwyr furiau'i phalas,
ond yna, uwchben dinas,
ceir epil y ledi las.

Y Llechfaen

O dywyllwch daw allan haenau baw
hen y byd fel arian;
aeth ei laid yn wyrthiol lân
o'i drin yn ffowndri anian.

Goleuadau Traffig

Afon o geir a fu'n gyrru, tal goed
dail gwyrdd fu'n ei denu
yn daer, ond y ffrydli du
arafodd o'u hydrefu.

Goleuadau Traffig

Bydded heddlu ffel lle'r eloch, a'i winc
a'i wên fyddo arnoch
yn iach wyrdd, fel na chwrddoch
blismon drwg â'i wg yn goch.

ANNUS MIRABILIS
A
CHERDDI ERAILL
(1984)

Duw a dyn

Annus Mirabilis

Y Gân Werdd

Y nef yw trigfan Ofydd heb ei ail,
ond o ben y mynydd
lawr y daeth a threulio'r dydd
yn rhoi miwsig i'r meysydd.

Bu'r mynyddoedd wrth floeddio, a'r bryniau
o'r bron wrth atseinio
'n dal swyn ei hyfrydlais o,
a'r dail fu'n curo'u dwylo.

Â'i emyn ac â hiwmor ei alaw
tawelodd y Cerddor
y gofid fu'n dygyfor
am oes yng nghalon y môr.

Efô'n dyner fu'n denu â'i odlau'r
rhai afradlon hynny
fu ar goll, adfer gallu
'r rhai ysig â'i fiwsig fu.

Yr oedd erwydd ei gerddoriaeth eurlais
yn orlawn o'r hiraeth
sy'n y nef, a'i harllwys wnaeth
i anwylo'r ddynoliaeth.

Cawsom glywed o'i guriedig enau
gynghanedd doddedig
hon yn dod dros fryn ein dig
a'i ado'n wynfydedig.

Y Gân Goch

Ar fryn yn drewi o frad yr oedd pren
ac 'roedd prawf diymwad
yn aur ei wisg o'i sarhad,
o ing ei ddarostyngiad.

Trwy'r gwrthuni 'roedd yn firain ei bryd,
eithr ynfyd a thrwynfain
hwy'r dihirod o'r dwyrain;
gwneud cyff gwawd o'r brawd bu'r rhain.

O gael targed bendigedig rhwyllodd
eu ffrewyllau ffyrnig
ei gorff, a rhubanu'n gig
ei ysgwyddau gosgeiddig.

Eu chwipiau cras wrth drasio a ysodd
hyd ei ais a'u blingo
hwy'n noethreng hyd nes llithro
o'n traed yn ei eurwaed o.

Ar fryn esgymun ysig oedd, adyn
yn codi i'r nefoedd
ei ble, ac uffern â bloedd
yn sgwrio'i ymysgaroedd.

Bu'n rhaid in gerdded wedyn is dirmyg
ystormydd diderfyn
uffern yn ddiamddiffyn
o'i farw ef draw ar fryn.

Y Gân Lwyd

Diweddwyd pob dedwyddyd is y rhod
cans rhoed yn y gweryd
euog, brwnt un teg ei bryd,
yn y baw berchen bywyd.

Wrth ei guddio fel tae'n llofrudd euog
y ddaear a wybu
ddagrau oer yn arddu'i grudd
a'i gwelwi gan gywilydd.

O fewn dim i'w fyned ymaith obry
ymlwybrodd gorymdaith
dywyll lom y cread llaith
yn ubain ei hanobaith.

Anghyffwrdd pob tabwrdd, pob tant siriol
ar ôl ei arwyliant;
buan iawn yr aeth pob nant
yn fud gan ei ddifodiant.

'Roedd galar didrugaredd yn nistaw
diystum orffwylledd
hyn o fyd uwchben ei fedd
ei hun yn rhincian dannedd.

I einioes ni ddaw dadeni; ni all
y nef a'i goleuni
hidlo'u hias drwy'i dwylo hi,
marwolaeth, i'w meirioli.

Y Gân Newydd

Agorir cloeon y gweryd i gyd
    pan gwyd rhyw ddaeargryd
  y corff fu'n gorwedd cyhyd
  yn gefnfriw, yn ysgafnfryd.

Er trymed côb anobaith y gladdfa
    fe'i rhwyga foregwaith
  a rhoi llam o'r dyfnder llaith
  anaele yn fyw eilwaith.

O dorri pob llesteiriant, a mynnu
    diddymu diddymiant
  o fod, mae'n dianc o fant
  Gehenna'n llawn gogoniant.

'Nawr o'i weld yn dod yn rhydd mae'r awel
    am roi ei hadenydd
  i salm oesol y meysydd
  yng nghymanfa toriad dydd.

A ninnau hefyd seiniwn gân o fawl;
    gan na fedr y dwnsiwn
  dua' 'rioed lesteirio hwn
  na'i luddias gorfoleddwn.

Ac mae'r byd i gyd yn gân, yn mynnu
    ymuno'n y gytgan:
  'Wele Oen gwyryfol lân,
  teilwng o'i ollwng allan!'

Cân y Bugail

Gwibiodd y Gaea' heibio fel y gwawn
yng ngafael gwynt. Daeth tro ar fyd. I'r twyn
daw'r durtur ac anturio'r gŵyn ddi-gŵyn
yrr wefr ar hyd y fro. Yn brysur iawn
rhy'r Gwanwyn ar y gwinwydd egin grawn;
egni a grym dihysbydd sydd yn dwyn
ir ffigys i'r ffigyswydd, troi pob llwyn
yn ferw o'r hyn a fydd yn beraidd lawn.

'Rwy'n disgwyl, fy anwylyd, wrthyt ti;
fy mhrydferth, tyrd, mae'n bryd it ufuddhau.
Anniwall yw 'nihewyd; eiddof fi
dy gorff, d'aelodau i gyd, i'w llwyr fwynhau.

Eu mynnu wnaf, a phan gymunwn ni
daw holl lu nef i'r oed a llawenhau.

William Salesbury

Âi'r doethor ar ei deithiau hir o'i dre
ar drywydd hen ffynhonnau. Dyfroedd pur
eu nentydd gasglodd yntau; yr amhur
osgôdd, a heb lesgáu fe gronnodd e
dan geulan Abergwili afon gre'
fu'n gryfach na'r bwtresi gododd gwŷr.
Mynnodd ddymchwelyd meini'r cadarn fur
yn llwyr, a grym ei lli fu'n llanw'r lle.

Llifodd ei bwrlwm llafar dros y wlad
a rhoes i lu disgwylgar fodd i fyw;
hi ddygodd i'r gweddigar, wybu faith
gaethiwed syched, siâr o fendith rad

y nefoedd, a daeth dyfroedd peraidd Duw
i wir ireiddio'u tir, hyrwyddo'u taith.

Awn i Fethlem . . .

Amheus yw cysur meysydd hyn o fyd;
fe awn mewn llawenydd
y nos hon i ddinas sydd
â'r haul ar ei heolydd.

Yn ein tlodi gweddïwn am ei weld,
Y Meistr, a phan ddaliwn
ei lygad ymgyflogwn
yn fugeiliaid defaid hwn.

Wrth ei waith yn porthi'i ŵyn y'n cedwir
gan eu cadw o ddryslwyn
hen y Diawl hyd nes eu dwyn
i noddfa'i gorlan addfwyn.

Y Llwybr

Hwnnw sy'n rhodio beunydd yn gymwys
ei gam drwy'r siglennydd
gaiff weld Tywysog ei Ffydd
yn y Ddinas Ddihenydd.

Y Ffordd

Pob pant isod a godir, y bryniau
o'r bron a ostyngir,
a ffordd cariad Tad drwy'n tir
anianol a unionir.

Yr Alwad

Mi fynnaf dŷ dihafal â moethau
    amheuthun i'm cynnal
  ynddo, ond eto 'rwy'n dal
  i'w roi E mewn rhyw hoywal.

O'r hoywal mi glywaf alwad, a gweld
    a gaf, drwy fabwysiad,
  Unig Anedig fy Nhad
  yn gorwedd yno'n gariad.

O'i gariad ymfegeraf; y moethau
    amheuthun, bodlonaf
  heb yr un, a'i wenau braf
  Ef o'i eni a fynnaf.

Yr Ymgnawdoliad

Yn eiddil, er mwyn dilyn anturiaeth
    ei arfaeth i'w therfyn,
  y Sanct, o'i ddibrisio'i hun,
  a anwyd yn fachgennyn.

Yr Ymgnawdoliad

I annheilwng ddynoliaeth, cariad Tad,
    tu hwnt i ddirnadaeth,
  cynnig yn waredigaeth
  ei Unig Anedig wnaeth.

Yr Ysgubor

'Sgubor â'i drws wedi torri, heb wydr
na byllt i'w ffenestri
ydyw storws tosturi
Duw Iôr ar dy gyfer di.

Y Preseb

Dan resel drwstan yr asyn gwirion
y gwyra'r credadun
oblegid mae wrth blygu'n
cael anwesu Iesu ei hun.

Y Baban

Yn ddi-fai, er rhoi'n ddi-feth i ddynion
feddiannau yn doreth,
mae'r Un fu'n llunio popeth
yn y baw yn ddim o beth.

Ymson Mair

Os dof i Ddinas Dafydd anghofiaf
fy ngofid a'm cystudd
yn y fan, a 'nghwpan fydd
yn llawn, yn llawn llawenydd.

Ymson Mair

Hirnos ein cyfeiliorni a dderfydd
a'i hirfaith drueni
yn y wên ry 'Mhlentyn i
a luniwyd o oleuni.

Ar Garden Nadolig

Os yw'r byd tu faes i'r beudy'n oer, oer
a'i eira'n gwarafun
chwarae a hwyl, eto ni chryn
y plant yng nghwmni'r Plentyn.

Ar Garden Nadolig

Ar ein deulin daw'r gyfrinach: erom
y gorwedd heb rwgnach
yn yr un bing â'r ŵyn bach
Oen na luniwyd ei lanach.

Y Gelynnen

Yn iawn, gan mor fileinig yw ei holl
bicellau dieflig,
yr Iôr wasgarodd ar frig
y gelynnen galennig.

Y Garol

Os canu'n annymunol a wna'r côr,
cywiro'n dragwyddol
nodau ffals ei ddisgord ffôl
a wna'r Gŵr biau'r garol.

Herod

Heddiw mae cyflwr gwareiddiad rywfodd
yn profi goroesiad
yr Hen Deyrn o hyd a wad
i Iesu ei deyrnasiad.

Nadolig

Yn lle herio, yn lloerig eu rhysedd,
at breseb cyntefig
heddiw doed cenhedloedd dig
ynghyd, yn ostyngedig.

Y Crefftwr

Uwch anobaith ein byw trychinebus
a thrythyll lwydwyll ein byd trallodus
dal i dywynnu wna dwylo dawnus
Un a goledd y gred ogoneddus
nad ynfyd yw gwneud enfys, na'i diwyd
ail-greu o hyd yn gabol gariadus.

Ffenestr Liw

Yn lân ar ôl ei ennyn ar rwyllwaith
uwch yr allor glaerwyn
fe ry'r eirias farworyn
Air ein Duw ar enau dyn.

Ewyn

Pan chwery chwa oddi uchod â'r môr
mae hen angenfilod
y dwfn i'r wyneb yn dod
i'w haileni'n wylanod.

Yr Awr Weddi

Awr ddistaw yw, awr ddi-ystŵr, awr bell
o'r byd, awr ddiffwndwr,
awr yw hi sy'n rhoi i ŵr
gyfle i chwilio'i gyflwr.

Afon Gras

Seithug fy holl dalsythu yn fy haul
fy hun, canys plygu
toc raid dan lifeiriant cry'
y gras sy'n nagrau Iesu.

Gras

O'i ras pan glyw y Duwdod anhydrin
raeadrau y pechod
ysgeler sy' 'mêr fy mod
eu dwndwr dry'n fudandod.

Fel yr Wyf

Digrif yw'r godidowgrwydd honnaf i
cans pan fyn yr Arglwydd
dynnu'r wisg mae'n gweld yn rhwydd
hagrwch fy nghyntefigrwydd.

'Rhwydwaith Dirgel Duw'

Bendigedig waredigaeth a roed
im, bry' llygredigaeth,
a ddenwyd gan farddoniaeth
y 'Gyflawn We'; gafael wnaeth.

Y Goedwig

Aiff yr oll i'w gyfrgolli oni wêl
y ddynoliaeth brofi
ofn tân yn ei thyfiant hi
a wreiddiwyd mewn budreddi.

Gweld Oen ar Fore'r Pasg

Ni allodd clo anoddun y Diafol
na'i aeafol efyn
atal y Diniweityn
ry birwét ar gopa'r bryn.

Bendithion

Buom ninnau o'r dechreuad yn blant
bach blin a didoriad,
ond holl addunedau'n Tad
a gywirir o'i gariad.

Bendithion

Anrhegion ni werthfawrogant, ond deil
y Tad na ŵyr soriant
ati i roi i blesio'i blant
anniddig fwy na'u haeddiant.

Bendithion

Byddwn ddiolchgar; para i dywallt
mae Duw fwy na'n cwota
o'i stên in, ac estyn wna
o'i gelwrn fwy na'n gwala.

Bendithion

Ar holl hagrwch ein haerllugrwydd isod
arllwysir gan ymchwydd
afon cariad raeadr rwydd;
Niagra trugarowgrwydd.

Y Fendith

Pechais, ond bellach ceisiaf enw da;
Tydi y Goruchaf
biau'i roi a hir barhaf
i wingo – ni'th ollyngaf.

Bendith

Yn ofer y pryderwch, oherwydd
mae mawr feddylgarwch
Duw'n hulio hyd anialwch
daear hesb y manna'n drwch.

Bendith

Garw y llwybr ond mae Tad gerllaw o hyd,
a rhyw hyder distaw
i blentyn o ddyn a ddaw
o ddal yn Ei ddeheulaw.

Bendith

Diball anniwall yw newyn y sawl
sy' o hyd yn cael enllyn
bras iawn, ond mae briwsionyn
o law Duw yn cynnal dyn.

Teulu, talaith

Epithalamion

Yng nglas rhyw fore dedwydd, yn sydyn
    mynnais adael meysydd
  fy henfro i rodio'n rhydd,
  yn ieuanc, yn llawn awydd.

O'i hafradlon haelioni, addawai'r
    ddaear i'm bodloni
  roddion hardd, ac 'roeddwn i'n
  ŵr ifanc am eu profi.

Sychedwn am flas ychydig o win
    ei mannau pellennig,
  eithr er mynd a tharo 'mhig
  ymado yn siomedig.

Bûm ar drywydd anfuddiol hyd y lle
    ond llwybr rhagluniaethol
  roddwyd im er cyrraedd dôl
  ir rhyw frodir ddelfrydol.

Deuthum wedi mynych deithio'r ddaear
    i ddeall bod chwilio'n
  ofer waith â hyn o fro
  i'w hedrych; darfu 'nghrwydro.

Caf gyrchu'n ddifraw 'rawron y noddfa
    rhwng goleddfau'i dwyfron,
  a chael yng nghilfachau hon
  ddyfnderau addfwyndirion.

Sirioled gwres yr heulwen yn ennyn
        gwanwynol orawen
    ynof, ymrof i 'mro wen
    wyryfol mewn sagrafen.

Gweini'r ddefod wna'r blodau, a'r adar
        offeiriadol hwythau
    o'r nef yn ei chadarnhau
    â theleidwiw ddathliadau.

Aredig y Baradwys yn union
        ddymunaf, a chymwys
    flaenagor a gweithio'r gŵys
    laith yn berffaith heb orffwys.

A chyfeiriaf swch fy arad' i'r gwaith
        a'r gŵys ddyry sugnad
    ewyllysia arllwysiad
    diragrith fendith fy had.

Penllâd fy had roddaf i yn y gŵys
        wag isod heb oedi;
    hithau'r hafn, disathr hyhi,
    a ymleinw o'm haelioni.

Arddaf a hau'n angerddol, a hyfryd
        o wefr ychwanegol
    ddaw'n awr wrth orwedd yn ôl
    wedi'r weithred aruthrol.

Yn fodlon ar y gronyn a heuwyd
        fy naear a'i derbyn
    yn ei harffed ac wedyn, wrth gau'r gŵys,
    daw siôl Paradwys i lapio'r hedyn.

Yr hedyn a fyn ymfywhau; esgus
        o gysgu bu yntau,
    oherwydd yn nyfnderau y ddaear
    ymystwyria rhyw hen rymusterau.

Yna'r hyn a fu'n gryno o gywrain
a geir yn ymchwyddo
ac esmwyth ymystwytho 'ngorweddle'r
hen rymoedd tyner er ymddatweinio.

A'r dydd pan fydd y guddfan is y gŵys
a gaed fel pe'n llydan
ar agor, yntau'r egwan a phitw
chwim o'i thywyllwch ymwthia allan.

Ac fel hyn, yn gyflawniad arhosol
o broses annirnad,
blaguryn, symbol o gariad bythol,
a dyf o'r ddôl lle rhoed fy arddeliad.

Yna, yn ddyn anhaeddiannol, fe roir
imi'r fraint aruthrol
o warchod i'r dyfodol 'reiddilwch
a ddeil hyfrydwch fy mro ddelfrydol.

I Einir

Ofer aur ac ofer arian, ofer
hefyd popeth diddan,
ofer cwsg ac ofer cân,
ofer yn wir yw'r cyfan.

Ofer ddawn i farddoni a gefais
ac ofer yw 'ngherddi;
ofer pob dim roed imi
yn y byd hwn hebot ti.

Deunaw Mlynedd ein Priodas

Ni fu 'rioed y fath haelfrydedd; yr ŷm
ar ôl deunaw mlynedd
yma o hyd yn sipian medd
hirfelys ein gorfoledd.

Priodas Aur fy Rhieni: Hydref 1981

Eurof Hydref fu'n gweithio'r fodrwy hon
yn nhân eu rhyferthwy;
o hyd mae'n dal heb adwy
yn nhangnef eu hydref hwy.

Er Cof am fy Rhieni
Samuel Williams 1893-1982
Sarah Ann Williams 1898-1982
Y Derlwyn, Trefriw

Wedi ei warchae lawer gaea' a gweld
holl gamp ei uniondra,
wele'r Cymynwr Ola'
yn dwyn o'r Derlwyn bren da.

Â philer yr hen bartneriaeth isod,
o eisiau'i gynhaliaeth,
yn egwan ddigefnogaeth
ei gymar i'r ddaear ddaeth.

Ar Ben-blwydd ein Priodas ym 1982

Hen fleiddiast gas o flwyddyn a fu hon
a fynnodd gnoi llinyn
hen ramant, ond mae'n rhwymyn
ni ein dau yn dal yn dynn.

Dewi Sant

Tyrd eto i'r Cymry truain yn obaith,
cans hebot i'w harwain
aeth baich y 'pethau bychain'
yn drech nag ysbryd y rhain.

Gŵyl Ddewi

Ail wasael yw'r achlysur i Walia;
â miloedd o lyngyr
yn ei bol, try'r wledd fu'n bur
yn loddestwyl ddiystyr.

Cymru (Gŵyl Ddewi 1980)

Deheulaw dy Greawdwr eto gaet,
dy gorff eto'n bictiwr
i'w weld, pe c'wiret, yr hŵr,
dy ddiofryd i Ddyfrwr.

Llifogydd

Anllad yw 'ngwlad dan genlli anhyfryd
    Hafren yn cyfogi;
  ei holl enaid telaid hi
  hydreiddiwyd â budreddi.

Afiaith yng Ngwent

Fel iston caem felyster y Gymraeg
    ym mrigau'n diffrwythder
  o gael haid eto o glêr
  llon ifanc yn Llanofer.

Y Babell Lên

A fynno'n hastudio a wêl genedl
    a gynnull yn dawel
  yn y maes ei llaeth a'i mêl,
  yna'u hyfed mewn hofel.

Yr Eisteddfod Genedlaethol

Dihunwn, cans dihoeni wna'r genedl;
    rhag i'w hanadl ynddi
  fethu'n awr, fe weithiwn ni
  fegin i'w hailfywiogi.

Eisteddfod Genedlaethol Symudol

Bob haf y mae ei hafiaith a'i hwyl hi'n
    cynnal fflam ein gobaith;
  paid ei thân os paid ei thaith –
  ni ddaw'r hwyl i'r Ŵyl eilwaith.

Er Cof am O. M. Lloyd

Mae hi'n braf yma'n y Brifwyl, a llond
    Pabell Lên yn disgwyl,
  ond mynnaist, O.M. annwyl,
  gyfeillach amgenach Gŵyl.

Bob Owen, Croesor

Hwn, y taerwr, fu'n turio i hanes
    ei genedl, a gado
  ar hyd Pantheon honno
  ôl ei forthwyl annwyl o.

Yn Angladd D. J. Williams

(*Organydd Ebeneser, Trefriw, am dros 60 mlynedd*)

Y gŵr hwn, y gwêl 'rhen griw ei eisiau'n
    Ebeneser Trefriw,
  chwarae mae yr anthem wiw
  ar well allweddell heddiw.

Er Cof am y Capten J. Alun Jones

Yr eigion ni thramwy rhagor; nid oes
codi hwyl yng Nghilfor;
ni all llong gyll ei hangor
yn y tir mawr fentro'r môr.

Drudwy Branwen

Mewn gŵn du o blu, pan gwbwlhaf gwrs
ei gwersi, gadawaf
ysgol lem f'athrawes glaf,
ond ei gofid a gofiaf.

Gorffen 'Barddota'

Mae'r gwŷr, mae'r treialwyr trylen, mae'r un
fu'n meuryna'n hirben,
mae y rhugliaith, mae rhaglen
holi'r beirdd, mae'r hwyl? Ar ben.

Mor Bihan

Yn dawel ger Kerdelan mi glywais
ei gryglais ar greiglan,
ond ar goll aeth nodau'r gân;
marw bu hoywiaith Mor Bihan.

Tryfan

Ar ei hencil yn Nant Ffrancon, a oes
i iaith y brodorion
barhad, â gorsedd eu bro'n
rostrwm i ddringwyr estron?

Iechyd Cymdeithas

Na foed un gainc o'r goeden yn ddi-raen;
beunydd rhoed yr heulwen
ei dwylo ar bob deilen,
a hyfryd fydd pryd y pren.

Cylch Cinio Cymraeg Caerdydd

A gawn ni, wrth in giniawa, gofio
am a gafwyd yma,
am win, am iaith o'r mwyna',
a thorth, a chwmnïaeth dda?

Croeso'r Amgueddfa Genedlaethol

A ddaw atom gaiff o'i ddeutu wychder
doe ac echdoe teulu
'rhen Gymru hon, ac ymry
i her fawr ei yfory.

De Morgannwg

Brinned eu haul yw'r bryniau diolwg
o'i chwmpas, dod ma's o gymoedd y mwg
i ymyl Llanhari, i drum Llaneirwg,
yn ddigywilydd o hardd ei golwg
a llanw Y Fro hyd Wynllŵg â rhychwant
ei mawr ogoniant wna De Morgannwg.

Yr Afr Gymreig

Offa yw'r un fu'n ei ffrwyno a'i dal
yn dynn gan broffwydo
y dôi'r afr, ar fyr o dro,
yn hydrin hawdd ei godro.

Clawdd Offa

Ac efyntau'n gegfantach, barrau'i gaets,
beryg iawn, yn sitrach
hollol, ymestyn bellach
balfau'r llew am bathew bach.

Clawdd Offa

Doe aeth â'n cyndadau i'w hynt; mae'r wal
am yr ardd oedd eiddynt?
heddiw'r anwar ddwyreinwynt
dry'n sarn a fu'n gadarn gynt.

Clawdd Offa

Unwaith bu'n rhwystro'r anwar; esgeulus
y gwylio'n ddiweddar
cans daeth cenfaint i'r seintwar,
perchyll y gwyll i'r lle gwâr.

Clawdd Offa

Nid terfyn mo'r tywyn tawel i'r môr
o'r Mers; yn anochel
yr un ag a fu'n ei hel
ddaw â'i ymchwydd i'w ddymchwel.

Clawdd Offa

Er mai hi a fu'n cynllunio'r wal hir,
hil Hors i'w distrywio
ymroes, a dengys fy mro
lwyddiant ei fandaleiddio.

Clawdd Offa

Ni all roi llonydd i'w gyllell; ar ôl
torri'r wal mae ambell
wron hurt na ŵyr yn well
na difa'r holl ystafell.

Natur ac ati

Eisteddfod y Wig

Mae ugeiniau'n ymgynnig
am glod Eisteddfod y Wig;
gan ymroddi yn ddiwyd
i'r gamp mae'r adar i gyd
yn dyheu am fynd â hi
yn Llangollen y Gelli.

I ddidaro daro'r dôn
â rhyfyg diragbrofion
daw'r digrifwas, Gwas y Gog,
y doniol glown adeiniog
llwyd bach i ddarlledu'i bill
yn wahoddiad i weddill
yr adar ddod i daro'n
ddiwahân 'run gân ag o.
Mae'n cymell Cnocell y Cnau,
'run nwydwyllt ei drawnodau,
i arwain y cantorion
sy'n y dail, pob un â'i dôn.
Un swil ydyw'r Llinos hi,
un araf i delori.
Dyry gân, ond ar ganol
c'weirio o hon ei barcarôl,
yn haerllug Llwyd y Berllan
sy'n codi i gynnig ei gân
a thrin ei holl lithrennau
o'r llwyfan ir i'w llyfnhau.
I roi tonc ceir eto un
ysgafn wisgi fyn esgyn

yn llyfn drwy'i *repertoire* llawn;
ond ymroddiad amryddawn
'r awenfrwysg Geiliog Bronfraith
ofer yw, â'r Asgell Fraith,
y Pinc, yn mynnu pyncio
'run gân fel rhywun o'i go',
a phan ddaw'r frongoch Goch Gam
efo'i iodlio – try'n fedlam.

Daw cân fel plaengan i'w plith,
trebl i ganol eu tryblith.
Pencantor o denor du
dihidlais fyn gystadlu
yn y fan; ail ffynnon fwyn
ei arianllais o'r draenllwyn.
Boddi cân pob pibydd coed
wna'i ruglwysgan o'r glasgoed.
O'i aria ef, distaw'r wig.
Yno'n unawdydd unig
caiff David Lloyd y goedwig,
eilun y bau, melyn big,
ysgafalwys gyfeiliant
arab barabl nabl y nant
onid yw yn mynd â hi
yn Llangollen y Gelli.

Ysguthan

Hidliaid o rawn fy ydlan yn dy lwnc
delincwent yn 'stwyrian
yw'r achos am dy rochian,
am wrgwl gwrgwl dy gân.

Fflamingo

Ac yntau'n cymryd ei gyntun â'i wddw
ynghudd, nid aderyn
yn y llaid ar fin y llyn
weli di, ond blodeuyn.

Gwas y Neidr

Wrth glywed y trwmpedi yn galw
a gweled baneri
Haf a'u her, ysgydwaf i
fy nerfuslafn ar fasli.

Cwch Gwenyn

Aros yn nwfn y faril yw dewis
Cwin Apis, a'i hepil
bychain brown drônt rownd y rîl
i rymba yn ei chrombil.

Eira Undydd

Annichon yw llwyr synhwyro artaith
yr artist fu'n lliwio
ddoe â'i frws feysydd y fro,
heddiw, o'u fandaleiddio.

Ar degwch ei greadigaeth isod
arllwyswyd unffurfiaeth;
enfys wych o'r gynfas aeth
oherwydd yr ymyrraeth.

Ond trechir gwaith dihiryn – try'r tro hurt
i'r artist yn sbardun;
llawn hiwmor bydd yfory'n
adfer dillynder y llun.

Eira Mawr (Ionor 1982)

Er bloeddio ar ddechrau blwyddyn eu cân
llawn cynnwrf, yn sydyn
tawedog yw'r glog a'r glyn
dan anwes arthes wrthun.

Blagur

Â'r byd i gyd yn neuadd gerdd, ar hyn
ymroi gydag angerdd
yn uniongorff i'r hengerdd
fyddwn ni, y Fyddin Werdd.

Ffarwél i'r Gaeaf

Y mae'r Gwanwyn fel morwynig ifanc
yn chwifio'n ddeheuig,
fel *adieu* i'r oerfel dig,
ffunen wen cynffon oenig.

Mai yng Nghaerdydd

Nid diffaith mo'r dre pan weithia'r Garddwr
Gerddor drwy'i swbwrbia
a rhoi holl harmoni'r Ha'
yn nhawelwch Magnolia.

Gwawr yn Eryri

Daw'r wawr dros do Eryri gan wasgar
ffrwd lachar hyd lechi
nes adfer, dros landeri,
eiliw aur i'w gwaliau hi.

Machlud

Yn raddol cyn gorweddian, y dewin
sy'n diwel wrth hepian
hylif fflamgoch o'i grochan
a rhoi dŵr y môr ar dân.

Hydref

Ildio a wnaeth yr heuldes, ond rhywsut
er ised ei ffwrnes
enynnodd hen ddewines
ar hyd ein bro dân heb wres.

Hydref uwch Llyn Llanwddyn

Onid eurloyw yw'r darlun o'r Hydref
yn ffrwydro'n dân melyn
o'r coetir nes llosgi'r llyn?
Ai van Gogh fu'n ei gychwyn?

Grug

Uchelwr a ddaeth i chwilio, dygodd
daeogwisg fy henfro
yn ddi-hid a thaenodd o
frenhinwisg ar fron honno.

Y Gwynt

Rhythwn wrth glywed areithio Garrick
y gyrwynt ddaw heibio
a rhoi, yn theatr y fro,
giw i'r dail guro'u dwylo.

Y Derlwyn yn Gadeirlan

Daw pererin o'r ddinas i gael hoe
a phan glyw, yn henglas
cadeirlan y coed irlas,
gôr y wig caiff foddion gras.

Y Goedwig

Er i lun amryliw honno a'i hoen
trofannol ddirywio'n
llyn o fwd, mae llun fidio
i'w gael o hyd mewn tân glo.

Tân Mawn

Mae'n ddiddos beunos beunydd ar f'aelwyd;
er mor foel yw'r mynydd
yn ei gors caf fonion gwŷdd,
yn ei rostir, fforestydd.

Mawn

Â chynifer yn fferru, perchennog
mawnog all gymynu,
dywydd oer, y fforest ddu
gynoesol i'w gynhesu.

Ewyn

Un wirion yw'r don a dig: yn ei llwnc
clywir lleng gythreulig,
a phoer y giwed loerig
ar ei mant sy'n chwarae mig.

Ewyn

Yn yrroedd gwyllt a gwirion, oherwydd
    eu gyrru gan Neifion
  o'i dir, ar garlam y dôn',
  cannoedd o gesig gwynion.

Ewyn

O weled pa mor ddigalon ydyw,
    i glwydo ym mhlygion
  y tywod daw llateion
  dihalog adeiniog y don.

Y Llyn

Un hwyrnos mi syllais arno; rhywsut
    fe'm dryswyd i ganddo;
  on'd oedd ar ei ddyfroedd o
  y nefoedd yn arnofio?

Llifogydd

Fe gododd hen slwt o'i chwter heddiw
    a chuddio'n ei thymer
  holl lendid a dillynder
  y goedwig dan blastig blêr.

Y Ffynnon

Yno'n wastad yn hen westy Y Garn
ceir gwin yn byrlymu
nad oes gan selermyn du
daear hawl i'w gostrelu.

Y Ffynnon

Yr hedyn sy'n ymhyfrydu'n ei lwc
pan glyw yn ei wely
gyfaredd y goferu
dros landar y ddaear ddu.

Y Ffynnon

Ei hoyw rin a ballodd dro, er hynny
yr henwr gaiff eto'n
donig iach yn stên ei go'
ddŵr ei echdoe i'w ddrachtio.

Y Traeth

Nid rhywsut y gwnaed y trysor; eurof
y lloer a fu'n ddidor
drwy'r oesau'n cabol drwsio'r
ffrâm aur am saffir y môr.

Tywod

A oes parhad i drysor? Ai'r un yw'r
darn arian o fynor
â'n bolart, yna'n bylor
o'i drin ym melin y môr?

Amrywiol

Y Gusan

(Cerflun Rodin)

Yn agos beunos beunydd, dau gariad
a geir yma'n llonydd
o frwysg gan y wefr a'u rhydd
yn gwlwm am ei gilydd.

Mor ddi-hid yw ei morddwydydd hithau,
mor noeth; a'i orawydd
yntau'n dyheu nos a dydd
yn galed ddigywilydd.

Di-ben-draw, drwy'r degawdau, annichon
drachwant eu gwefusau;
er eu holl ddyfalbarhau,
diweired eu cedorau.

Ni ddaw'r glaw i'w dirgel-leoedd annwyl;
ni lenwir dyfnderoedd
eu heisiau yn oes oesoedd
drwy sipian y gusan goedd.

Ond er hyn clywed yr wy'n y ddeugorff
diddigwydd ryferthwy
dyhead anhraethadwy
dirwymedi eu noethni hwy

a'u hannatod aelodau, oni ddaw
rhyw ddewin o'r nennau
heibio ryw ddydd bair ryddhau
holl lawenydd eu llwynau.

Ymennydd

Tyfwyd, o'r llaid cyntefig, unionbraff
frenhinbren y goedwig,
yna rhoed ar flaen ei frig
i hongian gneuen ffrengig.

Tafod

Ym merddwr penbleth methu y mae'r cwch
mawr coch â thrafaelu;
ond, â hwyl a gwynt o'i du,
anodded ei lonyddu.

Cofio

Digonedd o had a feddaf; o'u hau'n
y Gwanwyn mi fedraf
hel drwy'r Hydre' lin yr Haf
a'i wau ar wŷdd y Gaeaf.

Cofio

At wely Gwirionedd meddyg a alwyd;
mae'i ddwylo deheuig
yn anwylo'r annelwig
oni chwyd yn waed a chig.

Breuddwyd

Yr hwn â ar ei union i geubal
sy'n gwybod y dichon
i'r cwch, er düwch y don,
ei ollwng yn Afallon.

Drych

Wedi edrych daw dadrith darganfod
ar y gynfas felltith
on'd twyllodrus baent lledrith;
llun ni cheir ond llun o chwith.

Grisiau

Yn ystwyth neidiem drostynt; â rhyfyg
gwŷr ifanc gwnaem hebddynt;
'nawr yn hen, yn brin o wynt
a nerth, mae'n dda in wrthynt.

Oriawr

Mae ansawdd y dimensiwn yn ofid,
ond cefais gomisiwn
ac 'rwyf i'n disgrifio hwn
â 'mysedd, heb emosiwn.

Amlen

Ar ôl rhoi fy llaw yn llawen dyner
hyd ei hwyneb cymen
'rwy'n rhoi, â'r un orawen,
'nhafod ar dafod y wen.

Amlen

Mynnodd hon, golomen ddi-ail, esgyn
o'r fasged o wiail
i aelwyd well, heb hel dail,
â chusan yn ei chesail.

Amlenni

Y Wen, agoraf hi'n union ag awch
am gael y cyfarchion;
Y Lwyd sy'n dwyn 'nyledion –
gohirio 'rwyf agor hon.

Marconi

O'i orsaf, drwy'r ffurfafen, ei radio'n
gynt na drudwy Branwen
a gariai bob gair o'i ben
yn wefr dros Afon Hafren.

Protest y Canol Oed

Cyn myned yn brae i'r gaea' â'i gur
    mae gan bili-pala
  hawl i ddistaw loddesta
  ar holl hyfrydwch yr ha'.

Afallon

Heb ystyr yw trybestod hyn o fyd;
    plymiaf fôr anwybod
  a nofio hyd nes dyfod
  at draethau'r bau nad yw'n bod.

Cŵyn

Hunllef fai byw'n gwynfanllyd yn union
    fel gwenynen ddiwyd;
  mynnaf fwy, mwy o 'mywyd
  na hel llwch mewn twll o hyd.

Greddf

Ymddangos yn wallgof ofer wna 'nhaith
    drwy'r nos, ond gwybydder
  na ddigwyddai siwrnai'r sêr
  ond dan orfod hen arfer.

Y Drafford

Rhown, ddidrennydd drueiniaid na ŵyr hoe'n
    y ras â'n cymheiriaid
  arni hi, hunangar naid
  am angau fel lemingiaid.

Y Drafford

Mor wyrdd yw meysydd fy mro, ond fandal
    di-feind a ddaw heibio
  gyda hyn a'i lygad o
  ar gael tir i'w goltario.

Y Drafford

Druaned yw'r wlad ga'dd driniaeth barbwr
    byrbwyll materoliaeth;
  rhesen wen drwy'i thresi wnaeth
  â'i hoff erfyn – unffurfiaeth.

Y Drafford

'Rwy'n hollol effeithiol fel ffordd i geir,
    llawer gwell na'r briffordd
  ŵyr a wnaed gan wŷr y Nordd;
  'rwyf unffurf â Rhufeinffordd.

Priodas Arian

Diwaddod yw'r gwin a diddan, a llawn
ydyw'r llestr a chyfan;
bellach dyd pob munud mân
wawr o aur ar ei arian.

Priodas Aur

Â mi yn gwarchod mwyach ail hanner
can mlynedd cyfrinach
dau, 'rwyf i, y fodrwy fach,
yn denau – ond yn dynnach.

Rhwd

Os rhy ddiog yw'r boblogaeth i iro
peiriant democratiaeth,
i anhydrin lywodraeth
â'i byddin goch bydd yn gaeth.

Y Goedwig

Ni ddaw inni ddiddanwch o rodio
concridwig ein clyfrwch;
yma hawlia'r un hen hwch
loddest o fwystfileiddiwch.

Res Ipsa Loquitur

Byth ni welir bardd hirben, oherwydd
merch oriog yw'r awen,
a phan gaiff oed â'r hoeden
ni all bardd ond colli'i ben.

CERDDI ARFON (1996)

I Arfon

Yn Y Wern mae'n hanner nos, ond heno
fel petai'n ddechreunos,
ni ŵyr dy win ystyr 'Dos',
ni ŵyr ond ystyr 'Aros'.

Heno caf ger y tân coed haelioni
ffiol lawn yn ddioed –
awen ar drothwy henoed
a'i gwin hi yn drigain oed.

Gerallt Lloyd Owen

Cerddi Cariad

Ein Priodas

(*Ar ben 25 mlynedd*)

Hen yw, ond afon yw hi o gariad
agored heb wyrni
yn ei llwybr ac yn ei lli
mae deuddyn yn ymdoddi.

Ar Ben-blwydd ein Priodas

Rywsut, hyd y ddaear isod, i mi
y mwyaf rhyfeddod
ydyw un sy'n mynd a dod
hyd Y Wern bob diwrnod.

Ar Ben-blwydd ein Priodas

Yn nechrau Medi sisial mae'r awel
mai 'mhriod ddihafal
o hyd wyt, ac 'rwyf i'n dal
i ddotio yn ddiatal.

30ain Pen-blwydd ein Priodas

O edrych ar dy fodrwy yn tynhau,
    yn teneuo mwyfwy,
  gweld fflachiad anllygradwy
  lendid y mererid 'rwy'.

Ar Ben-blwydd ein Priodas

Rhywbeth fel pry' digrebwyll yw Arfon
    ar ryw yrfa orffwyll;
  nid yw byth yn cadw'i bwyll
  ag Einir iddo'n gannwyll!

Ar Ben-blwydd Einir

Yn ddiatreg heddiw hytrach yn hŷn
    yw Einir, ond grwgnach
  ni wnaf i o gael y fach
  eleni eto'n lanach.

Einir

A mi'n llanc ifanc cofiaf ei hannwyd
    gwanwynol trwm arnaf;
  a mi'n hŷn, dan dwymyn haf
  y fechan hir glafychaf.

Einir

Gem o wraig ddigymar yw hon; iddi
pe meddai am noson
ar Beriw ei haur o'r bron
o'i wirfodd roddai Arfon.

Ar Ben-blwydd Einir

Ni chaiff y diffeithwch effaith arnaf;
mae'r siwrne yn berffaith
yn d'ymyl, fy nghydymaith –
os wyt yn bedwar deg saith.

Ebrill yn Y Wern

Ar ôl mynd o'r hirlwm erch daw'r adar
i oedi a'n hannerch
ni ein dau â salmau serch,
fy mhrydferth, fy mhriodferch.

Einir, y Cyw Hanner Cant

Mae ymysg rhianedd heddiw un nad
â'n hŷn fel y rhelyw;
lodes anhygoel ydyw
Einir Wynn, a 'nghymar yw!

Ym Mhen Blwyddyn

Wele heddiw, os wyt flwyddyn yn hŷn,
os wyt â gwallt claerwyn,
wyt, gyw hanner cant ac un,
heb os yn dal yn bisyn.

Pen-blwydd Hapus

i un y mae haelioni ei natur
yn ateb ei thlysni;
calon Arfon ydyw hi
a goreuwraig Eryri.

Ar Ben-blwydd Einir

(*Ym mis Hydref*)

Yn Y Wern mae masarnen fu'n yr haf
yn ir oll ei philen;
o'i hedrych ym mis Hydre'
nid yw'n wyrdd, ond nid yw'n hen.

Ar Ben-blwydd Einir

Einir, 'does rhaid iti boeni am y seidr
mis Hydref eleni
oblegid fe deimli di'n
eitha' braf wrth ei brofi.

Ar Ben-blwydd Einir

Yr wyt, wrth it fwrw ati i rifo'r
hydrefau yng nghoetir
mwyn Y Wern, yn hŷn, mae'n wir,
ond hen nid ydwyt, Einir.

Y Gair yn y Gwynt

Yr oedd y Gair yng nghraidd y gwynt, yn rym
    cyn rhwymo'r dechreuwynt;
  Gair oedd a'i gyrrai i'w hynt
  a Gair a bennai ei gerrynt.

A'r cerrynt oedd llwybr y Cariad a roed
    i droi am y cread
  yn gylchlwybr, llwybr y penllâd,
  yn gyforiog o fwriad.

Sef bwriad diymwad Duw i lunio
    y blaned unigryw
  hon yn oriel y rhelyw,
  yna ei rhoi i'r ddynol-ryw.

Y ddynolryw unigryw a wnaeth Ef,
    hefyd, yn ôl arfaeth
  y Gair, heb ei chadw'n gaeth
  iddi, nac i'w harglwyddiaeth.

Arglwyddiaeth bariaeth o'i bodd ddewisodd
    hi, a'i hysu a gafodd
  ganddi, eithr hyhi ni throdd;
  Gair ei Thad, fe'i gwrthododd.

Er gwrthod ei awdurdod Ef, y Gair
    a'i gwared o'i dioddef,
  er hyn oll, daw'r Gair o'r nef
  ddihalog ati'n ddolef.

Ei ddolef Ef, yr Un o Fair a anwyd,
    a honno'n cyniwair
  yn wastad a dilestair
  yn y gwynt sy'n dwyn y Gair.

Gwin y Gair

(*Gŵyl Ddewi 1988*)

Estyn yn awr wna'r distain holl ynni
gwinllannoedd y Dwyrain,
ei ddiwel i gostrel gain
a'i roi in, Gymry truain.

Ail i afon ei lifo, ail ei liw
i waed nad yw'n ceulo,
ail ei sawr hirfelys o
i Rosyn wedi ei dreisio.

Hen win yw ond mae'n newydd iawn ei flas,
yn felysach beunydd
a chywirach oherwydd
ei roi i lifo mor rhydd.

O'i yfed cawn ailafael ar y wefr
honno 'rydd, o'i chaffael,
ryw afiaith ar ein trafael,
a'n trydanu, Gymry gwael.

Gorthrwm ein bai a gwarthrudd ein nychdod,
o'i ddrachtio, a dderfydd;
yn ei rym cawn rodio'n rhydd
ac eofn yn dragywydd.

Rhagfyr 1989

Yma
yn Y Wern
ym min hirnos y gaeaf
'roedd arnaf i ofn y tywyllwch
tu allan i'r gegin;
er i ffin ei ffenestr
a'i llen
fy ngwarchod yn llwyr
'roedd gwrando'r radio'n dwysáu fy mhryder.

Yna,
newidiodd y rhaglen
onid oedd, o ryw eglwys ddwyreiniol,
garol yn gyrru
gwefr ddiatreg drwy'r gegin,
ac yn y goeden,
tu draw i'r ffenestr
a'i llen gymen, gymwys,
rhedodd y trydan
i gynnau'r bylbiau bach
o un i un
mewn ennyd
nes i'r golau annwyl ysu'r gelynnen
honno yn oddaith gan obaith yr Ŵyl.

Rhagfyr 1990

Yma
yn Y Wern
ym min hirnos y gaeaf
lluniais y llynedd
gerdd yn adleisio drwy'r gwyll
garol y gwawrio
yn nhiroedd y Dwyrain,
cân yn datgan y dôi
goleuni i ymlid galanas y nos,
y nos a fu'n ddychryn im.

Eleni
ni allaf i lunio dim tebyg
oblegid
mae tabwrdd yn dadwrdd
yn daer yn y Dwyrain
alwad i'r gwyll anaele,
a dynion, o'i chlywed unwaith,
yn cythru ar ôl y sŵn cythreulig.

Eto,
wrth wylio'u hymateb
i fiwgl y Fall,
fe glywaf i
ubain baban.

Llanddewi

O'i chlochdy uchel echdoe
hudai sŵn cloch Rhedyw Sant
draed y saint ar hyd y Sul,
rhywrai a ddeuai i ddal
ar y cyfle i gysidro'u cyflwr
anufudd ac i ofyn
i Dduw am ei faddeuant,
yna'i foli Ef yn nihafal iaith
William Morgan a chanu
salm ac anthem ac emyn
ag afiaith eu heniaith annwyl,
ei morio hi yn y Gymraeg.

A Duw a dderbyniai eu diolch.

Heddiw, aliwn, nid iaith addoli,
yw'r Gymraeg yma rhagor.
Bellach ei chân a ballodd
er mor bersain y seiniwyd
Amen yr hen emynau.
Yr un modd ag y ciliodd Pantycelyn
ni ddeil hi'r ferch o Ddolwar Fach
i ddwysbigo hyd nes ysigo saint
yr hen achos yn y Dyffryn Uchaf.

Eto mae'r hesg a'r coed *tamariscos*
yn siffrwd-sibrwd eu salm,
ac ar awr osber mae'r *tero*
yn diystyru distawrwydd
y byd wrth ddweud ei bader.

A Duw ni thremyg y dweud.

Y Geni

Ar waetha' rhyfyg ein gwrthryfel, dod
wnaeth y Duw goruchel
draw i'n daear yn dawel
ym min nos. Immanuel!

Seren Bethlem

O! Doed y seren â gwenau cariad
i fwnceri'n hofnau
oni fydd claddogofâu
ein hil â'u nos yn olau.

Cyfeillach Crist

Ni ellir gwell cyfeillach i'w mwynhau,
a chaem ni, ddynionach
y comin, ei chyfrinach
ped elem i Fethlem fach.

Gloria in Excelsis Deo

(*Ffenestr liw*)

Ofer pryder oherwydd ar oerni'r
hirnos tyrr y wawrddydd
yn oleuni ysblennydd
a chynnes drwy ffenestr ffydd.

Y Baban

Mynnwyd fy esgymuno i esgus
o gysgod dan fondo
beudy gwael mewn byd o'i go'
ac 'rw' i'n dal i grio.

Uchelwydd

Y Geni dry'n baganaidd o gydio
yn y Goeden luniaidd
ei brig blanhigyn heb wraidd
i swatio'n barasitaidd.

Clychau'r Nadolig

Ceriwbiaid uchel orielau y nef
sy'n llyfu doluriau
hyn o fyd â'u tafodau
oni chânt eu llwyr iacháu.

Awn i Fethlem

O ddal i sylweddoli mor rasol,
mor isel mawrhydi
Aer y Nef, ymlwybrwn ni,
ei ddeiliaid, i'w addoli.

Nadolig 1991

Heddiw'n chwil ar wib dros ddibyn â'n byd,
ac o bwll anoddun
ni ddaw nes dyfod o ddyn
eto yn ddiniweityn.

Cyfarchion Nadolig

Er cynifer pryderon hyn o fyd
na foed ich, gyfeillion,
ond cael yr Ŵyl annwyl hon
yn felys ddiofalon.

Joseff

Nid wyt mor hurt yr hurtyn oherwydd
wrth bara' i dderbyn
Mair, ys cymar esgymun,
wyt gwcwallt dall Duw ei hun.

Y Nadolig

Heno derbyniodd llinach yr ysig
forwynig gyfrinach
y Tragwyddol, a tholach
wna'r Duw Byw yn gariad bach.

Y Preseb

Ni chaiff y gorwych ffroenuchel a ddaw
fawr ddim dan y rhesel;
a ddaw yn wylaidd a wêl
Oen Duw yn cysgu'n dawel.

Y Bugail

Ni ddychrynwn, ddechreunos: y mae Un
sy'n mynnu ymddangos
a rhoi'i wawr ar hyd y rhos
yn ernest yn ein hirnos.

Colomen Heddwch y Nadolig

Deil yr aderyn unig i 'hedeg
uwch ein byd crynedig
â deilen Gŵyl Nadolig
y Duw Byw yn llond ei big.

Mair

Er y wefr o siglo'i grud yn annwyl
mae eneiniad enbyd
ar orchwyl gwyry a werchyd
y Bachgen sy'n berchen byd.

Y Geni

Gryfed yw'r ymddigrifio diddiwedd
hyd y ddaear isod
a'r nef yn awr yn nyfod
y Gwirion Bach gorau'n bod.

Gŵyl Nadolig

Gŵyl ddibryder y seren a'i gwawl hi'n
goleuo'r ffurfafen
i ni, Gŵyl annwyl, Gŵyl hen,
Gŵyl ieuanc a Gŵyl lawen.

Noswyl Nadolig

Fe ddaeth i'n daear i aros heno
holl oleuni'r cosmos
o'i gychwyn, ac o achos
hwnnw ni welwn ni'r nos.

Noswyl Nadolig

I ni, blant alltud a mudan y Cwymp,
mae cael Mab Darogan
ein dyheu yn Iwdea'n
dwyn ein cur yn destun cân.

Noswyl Nadolig

Heno arhoswn ennyd i edrych
yn lle crwydro'n llychlyd,
a chael mor ddifrycheulyd
yw'r seren uwchben y byd.

Noswyl Nadolig

Fe all nad yw e'n callio oherwydd
i seren ddisgleirio
ond o'i gweld mae byd o'i go'n
dal ei anadl e heno.

Immanuel

Mor anodd fu im roi anwes i'r Iôr
ond ar fraich rhyw lodes
wan, ddilychwin, ddiloches,
y dwthwn hwn daeth yn nes.

Immanuel

Yn ein nos, pan ddaw Duw nef yma i'r byd
mor bell o'i wir gartref
o'i wirfodd i ddioddef
ein tlodi ni, dyn yw Ef.

Dechrau Blwyddyn

O gael y drws gweled yr wy' yno
genau'r llew rhuadwy
yn rhythu dros fy nhrothwy;
os yw'n fach mae'i flys yn fwy.

Y Sioe

Deallwch, er mai dillyn o'i edrych
yw 'nodrefn bob dernyn,
y bu raid i saer Pen Bryn
drafod ceudod y coedyn.

Y Dyn Modern

Hedodd yn uwch na'r Duwdod a'i amau,
a phlymio i'r gwaelod
isaf un hyd nes ei fod
ef ei hun yn ofynnod.

Mynd

Ein gyrru am y gorau yn y ras
wna hen reddf yr oesau;
eto hon sy'n caniatáu
in, lemingiaid, lam angau.

Afon

Mae afon ddofn y bu'i hofn hi arnaf
    yn fwrn er fy ngeni;
  heddiw 'rwyf wrth ddod iddi'n
  ofni'i lled yn fwy na'i lli.

Cain

Yn nhir Nod i'r dwyrain o Eden 'rwyf
    dan yr un dynghedfen
  yn parhau, ond mae un Pren
  yma ac un Golomen.

Tu Faes i Fur y Dre'

O gyrchu tomen neilltuol cawn hel
    cynhaliaeth dragwyddol
  Duw Nêr wrth gerdded yn ôl
  Ei afradwch cyfreidiol.

Gwastraff

Er eu mawr siom, er ffromi o'r saint, gellais,
    wrth gyfrgolli cymaint
  nard o werth, waredu haint
  yr hunan yn yr ennaint.

Paid ag Edrych . . .

Llawen wyt pan sylli'n hir ar y gwin
gwawr goch, ond y caswir
anaele yw na weli'r
bore glas yn sobr o glir.

Cennin Pedr

(*Cyn y Pasg*)

Dacw hi'r gatrawd cariad â'i hutgyrn
yn datgan yn llygad
y Diawl ei hun fod i wlad
ac i fyd atgyfodiad.

Llaw

Gŵyr y brawd sy'n plygu gerbron ei Dduw
na ddaw iddo roddion
o werth o gwbl wrth gau hon,
ond o'i hagor daw digon.

Ewin

Caf bwyntio'n ymfodlonus at eraill
a'u taro'n ddirmygus;
y mae hon ar flaen fy mys
yn fforchio yn dra pharchus.

Y Cyfeilydd

Yr Un a fu'n ysgrifennu y gân
fawr gain fu'n cyfannu
Ei orchest drwy gynhyrchu
islais i'r hyfrydlais fry.

Pantycelyn

Ein rhwymo a wna'r emyn yn ei we;
o hyd mae'r edefyn
fel y'i ceir o fol corryn
dyfal yn ein dal ni'n dynn.

Cŵys

Dro 'rôl tro, mewn theatr wir, drama'r cadw
drwy'r môr coch chwaraeir
ger ein bron, a'n heiddo ni'r
bywydau a arbedir.

Yn yr Ardd

A bu
yn y bore bach,
â'r ardd yn wefr o wyn
gan drymwlith y fendith fawr
a'i dail oll fel diliau ir
yn diferu difyrrwch
a'r awelon yn caroli
Te Deum ieuenctid y dydd,
imi gymryd hoe dan goeden
oleuwen a chlywed
yno, â'i isel lais
yn goglais ais
aethnen fy noethni
ryw hen
bry
bras.

Y Genhadaeth Gartref

Tosturi'r goleuni glân dyro Di
　　drwy Dy air yn fuan
　nes ysu Cymru druan
　onid yw yn gynnau dân.

Pulpud

O hyd i fôr edifeirwch y down
　　yn dorf drwy'r anialwch
　oherwydd ein heiddgarwch
　am Lanc hardd ym mlaen y cwch.

Eglwys Minny Street, Caerdydd, ym 1985

Â'i hamod yn ddiomedd iddo Fe
ca'dd fyw am gan mlynedd
yn llawn gwaith, yn llon ei gwedd
a'i hanian, yn ei hannedd.

Yn ei hannedd ca'dd weini ar Iesu
â'r drws a'r ffenestri
yn agor i fynegi
ei dig'wilydd awydd hi,

ei hawydd hi i ufuddhau i'w Gŵr
fu gynt gyda'i freichiau
yn gwneuthur uwch y muriau
nenbren o'r Pren sy'n parhau.

A pharhau gyda'i Phriod anwylaf
mewn cwlwm annatod
y bydd oblegid ei bod
yn mwynhau rhwymau'r amod.

Cyffro

Yng ngorchest eu fforestydd y mae'r coed
mawr caeth oll yn llonydd,
eithr ymyrraeth â'r morwydd
yn dawel wna'r awel rydd.

Criw'r *Belgrano*

Myn Duw! Nid dyma'n diwedd; er ein rhoi
yn yr arch i orwedd
i lawr, bois, rhy gul yw'r bedd
i'w rannu â'r gwirionedd.

Gwastraff

Rhedwn y generadur ac iro
pob gêr yn ddidostur,
yna deil y llafnau dur
i dorri popi papur.

Gwastraff

Mae'r ifainc mawr eu hafiaith aeth Gatráeth
un tro yn llawn gobaith?
Meirwon ŷnt ac mae'r un waith
yn drychineb drichanwaith.

Coflech Hedd Wyn yn Fflandrys

Clywir o hyd gacl a rheg y gynnau
a gynnig ychwaneg
o fawl i'r Diawl er mor deg
yw'r geiriau ar y garreg.

Côr Cydwladol Ieuenctid dros Heddwch

Gyfeillion, rhoddwn lonydd i'n harfau
a ffurfio 'da'n gilydd
gôr all hudo'r holl wledydd
o afel rhyfel yn rhydd.

Y Dieithryn

O gydgerdded tyred di i Emaus
cans mae haul dy gwmni'n
anhraethol well na'n dellni –
aros y nos gyda ni.

Ton

Yn noeth a llwm ar draeth lle dygyfor
tonnau môr ymwared
angau'r Oen, ar fwrdd fy nghred
af i'r nef ar y nawfed.

Lleidr

Yn glyfar iawn, ar Galfari, Adyn
a roed yno i'w grogi
ym mawredd Ei gamwri
a fu'n dwyn fy enaid i.

Cerddi Cymru

Rhieingerdd

Diystyr gwewyr gaea' hyn o fyd;
    er ei fod yn para'n
  oer o hyd mae gwres yr ha'
  i'w gael ym mreichiau Gwalia.

Mae'n weddol hen ond mae'n ddel o hyd; mam
    a merch yw yr unpryd;
  diogel yw ei harffed glyd,
  ifanc gynhyrfus hefyd.

Hen nain a mam yw hon i mi, a gwraig
    a rydd o'i haelioni:
  annwyl yn ei phenwynni
  ond hardd yn ei hienctid hi.

A wêl laned yw ei chluniau, a wêl
    anwyled ei bronnau,
  a wêl hefyd ei chlwyfau
  yn fyrdd wedi'i haml gurfâu.

Clywir yn nhinc alawon ei hoywlais
    bruddfelys acenion,
  ond tu hwnt i dafod hon
  yw astrus fiwsig estron.

I feithrin pob cyfathrach y mae'r iaith
    Gymraeg ganddi'n rheitiach:
  honno â'i hoen a'i ceidw'n iach,
  gwefr honno yw'r gyfrinach.

Afon Taf

Afon â'i halaw'n llifo, afon bur,
    afon bert yn pyncio'n
  bêr ei hiaith ar hyd ein bro
  fu hon nes ei difwyno.

Hydreiddiodd y budreddi yn ddüwch
    anaddawol drwyddi;
  gan chwerwedd llygredd ei lli,
  difwrlwm ei diferli.

Â hithau yn llifo'n llonydd, lluniau
    hen ben-llanw ei chynnydd
  yn stribedi siabi sydd
  yn glynu hyd ei glennydd.

Dreng afon, un fudr anghyfiaith yw Taf;
    eto hyn yw'n gobaith –
  y daw, â'i halaw eilwaith
  yn y tir, yn bert ei hiaith,
a pharabl hoff y werin i'w glywed
    yn gloywi'i chynefin
  am mai'i hiaith sydd ar ei min
  yn iach wyrthiol yn chwerthin.

Saga Emrys

(a'i gais dros Gymru)

Yn ddi-os, â hithau'n ddu,
Emrys yw gobaith Cymru.
Draw ar yr asgell bella'
disgwyl yr annisgwyl wna.

A dyma, dyma fe'n dod!
Y maswr o'r sgrym osod
gaiff y bêl. Gwêl y gelyn
yn rhuthro dod fel un dyn
i'w erbyn a rhydd hirbas
hynod bert, ac nid â'i bas
i'w golli gan 'rasgellwr
dawnus Emrys; mae'n bas siŵr
ag Emrys yn ei gymryd
yn ei gôl! Ac eto i gyd
o gwmpas deg crymffast cry'
ar ei ôl sy'n sgrialu,
pump o'i flaen yn blaen, heb le
i Emrys 'nelu'i gamre.
Ond, rywsut, mae'n eu drysu
ac fel corwynt trwyddynt try,
twyllo'n bert (ei well ni bu'n
chware gêm ochorgamu),
yna mynd, mynd fel y mellt
yrr ogleiswefr drwy'r glaswellt,
a gyrru tua gorwel
y llinell bell gyda'r bêl
yn ei gesail, a'i gosod
yn y fan lle mae i fod!

Yna cwyd, wrth weld y cais,
un fawrgref fonllef unllais
ma's o'r dorf: 'Ar amser du
Emrys achubws Gymru!'

Ond gan taw preifat yw'r fatel, y da,
y dorf ar y borfel,
sy'n osgoi y boi â'r bêl
a diwyd gnoi yn dawel.

Doli

(*Yn angladd Dorothy Pentreath ym 1777*)

Daw Doli fach wedi'i hoedl faith i'w chadw
gyda'i chof mor berffaith
â ffrwd iach ei phriod iaith;
anghofus yw'r anghyfiaith.

Plant y Ddawns Flodau

(*Yng Nghwm Rhymni*)

Rywsut ni welwn ni reswm am hir
ymaros o'r hirlwm;
yn hytrach brodiwn batrwm
lliw hud ar y gweundir llwm.

Egin

Os daeth rhyw Sais a cheisio ei orau
ni phery'i darmacio
ef ar y dreif fawr o dro;
mae'r Gymraeg am ei rwygo.

Y Gymraeg

Ofer iawn ydwyf fi, yr iaith; hwra
yn wir yw 'mhleserwaith.
Dof i'r oed mewn siaced fraith,
un hudol ei gwniadwaith.

Pentref Nant Gwrtheyrn

Wele, mae'r un a fu'n aliwn yn neidio
a dawnsio drwy'r dwnsiwn
yn hurt wrth ganfod ffortiwn
y Gymraeg ym muriau hwn.

Y Gynghanedd

Ar waith, drwy'r blynyddoedd meithion, rhoes hi
res hir o grythorion
ond, er ei hoed, ni fedr hon,
ddawnsreg deg, â chael digon.

Y Gynghanedd

Yn wastad yn fy nghlustiau, yn hawlio
fy nghalon â'i mydrau
a ffiwg firain ei seiniau,
eneth hoff, dy gân ni thau.

Y Gynghanedd

Gyda fi fe gei di fywyd astrus;
hen feistres gysetlyd
ydwy', fardd, ond, gwyn dy fyd,
yr wyf yn wyry' hefyd.

Beirdd y Talwrn

Er direidi, yr adar radio hyn,
o'u sbarduno'n seingar
â hengamp ddiymhongar,
ddaw i frwydro bob yn bâr.

Cyrn Cyfieithu'r Eisteddfod

A digwydd bod dysgedigion yma
yn cymwys drosglwyddo'n
hiaith, a yw athrylith hon
ar gael 'o'r glust i'r galon'?

'Y Bwthyn Bach'

I ddysgu perchentyaeth chwi wyddoch
na cha'dd y frenhiniaeth
anrheg well gan Gymru gaeth
na deliach proffwydoliaeth.

Stamp

Mae hwn yn llawn cymwynas: o'i herwydd
caf boeri i bwrpas;
heblaw hyn yr wy'n cael blas
yn dyrnu pen y deyrnas.

Cwlwm

Er y gamp a'r wefr o'i gau, er y sêl,
    mae parselu'r Pethau
  yn anos â llinynnau
  'rhen fro mor wirion o frau.

Sycharth

Â heddiw'n amser addas i roddi
    rhyddid i bob caethwas
  gydgerdded gydag urddas
  yr unig le yw'r 'bryn glas'.

Sycharth

Rhannem yr hwyl ddechreunos ag Owain
    y sgwier ac aros
  wna syched dwys o achos
  ei win ef ar hyd y nos.

Cerddi Cyfarch

Diolch i Gwilym Griffith

Rhoddwyd i sawl amryddawn
lawfeddyg ddiddiffyg ddawn
i allu agennu gwynnoeth
gnawd ystlys yn ddestlus ddoeth,
endorri'n ddistaw araf
i gael hyd i drwbl ei glaf.
Diogel iawn y dyd ei glên
ufuddlafn drwy'r berfeddlen,
yna bodio'r llabedau
ar ei hynt i gôl yr iau,
cydio'n y llidiog goden,
yna llwnc y ddwythell wen,
a thrin a thorri honno
ar draws ac ar fyr o dro
ei phwytho'n gwbl effeithiol.
Yn y man 'fydd dim o ôl
ei waith, yr un graith na gwrym
ar gael.
    Y Bonwr Gwilym
Gruffudd o Gasnewydd wnaeth
ar Einir y fath driniaeth
â'i offer i'w hadfer hi
ar unwaith o'i thrueni,
rhoi yn ôl iddi'r hen hoen
wedi'i harbed o'i dirboen,
ei rhoi'n ôl i'w gŵr yn well,
yn holliach wedi'r gyllell.
Yntau, ei gŵr, y deintydd
hygar a doeth o Gaerdydd,
a gân i'r meddyg annwyl
o Gasnewydd gywydd gŵyl
fel hyn am ei ofal o
a'i weddus gynnig iddo.

Y Parchedig Ddr Geraint Tudur

(*Yn ymadael ag Ebeneser, Caerdydd*)

Efo gorau ei fagwraeth a'i ddawn
    a'i ddysg yng ngwasanaeth
  ei ffydd, i Gaerdydd y daeth
  yn ŵyl er ein cynhaliaeth.

Gan gysegru ei alluoedd a rhodio
    ar hyd y blynyddoedd
  yn gywir ddiargyhoedd
  ei gam, ein gweinidog oedd.

Gweinidog i eneidiau anghenus
    yng nghanol blinderau
  y bu ef, gan eu bywhau
  yn ôl, yn llawn eu hwyliau.

Yn eu hangen, ag ennaint ei gariad
    a'i drugaredd gymaint,
  herio a chysuro'r saint
  wnâi'r Gair yng ngenau Geraint.

Mynnu 'roedd ei gyhoeddi yn gyfan
    ac wrth gofio'r gweiddi
  Hosanna'n dangos inni
  glwyfau'r Oen ar Galfari.

Dywedai am Fab y Duwdod, y Gŵr
    hwnnw ga'dd ei wrthod,
  fore'r trydydd dydd yn dod
  o'i wirfodd i'n cyfarfod.

Dygodd i'w weinidogaeth gyfoethog
    y fath rwymedigaeth
  gan neidio i'w genhadaeth
  yn ŵr llawn o'r gwin a'r llaeth.

Llaeth y Gair oedd llithiau Geraint bob un,
    a'u balm yn gwneud cymaint
  i ddifa'n dioddefaint
  â'i bŵer Ef; mawr fu'n braint.

Ffarwél Criw'r *Dinesydd* i Merêd a Phyllis

Bu i rywun a'i briod a ddenwyd
    i'r Brifddinas ganfod
  ei bai hi a gweled bod
  rhyw wacter i'w Chymreictod,
a rhaid oedd i Meredydd a'i Phyllis
    hoff hel at ei gilydd
  griw dewr o Ddinas Caerdydd
  i osod *Y Dinesydd*
ar ei draed, ac ar fyr o dro yr oedd
    pob Cymraes a Chymro'n
  y ddinas yn eidduno
  hir barhad i'r papur bro
cyntaf un, pob rhifyn heb bris yn 'byd,
    heb wall o gael dewis
  i'w baratoi egsbyrtîs
  di-ffael Merêd a Phyllis,
y cyn-Americanes hudolus
    a del a ymroddes
  mor llwyr i Gymru a'i lles
  a'i mynnu at ei mynwes,
ond bellach, â'r gyfeillach fawr ar ben
    a'r bennod lafurfawr,
  anorfod yw'r ofn dirfawr
  y bydd *Y Dinesydd* 'nawr
â'i ffyniant yn y fantol oherwydd
    bydd hiraeth affwysol
  ar y rhai sy'n para ar ôl
  am y ddau sy'n ymddeol.

Eigra Lewis Roberts

Estyniad o Ffestiniog yw'r Gymru
a gym'raist ti'n hwyliog
ar ei hynt; ni cha'dd un fro
gyfarwydd mor gyforiog.

Eigra Lewis Roberts

Dawn i olrhain hoen dynolryw a'i hing
a dangos y cyfryw
geir yn Eigra, unigryw
gyfarwydd enbydrwydd byw.

Eigra Lewis Roberts

Mae hen ofid ym min afon amser
sy'n damsang yn greulon
o ddi-hid ar freuddwydion
y llu sy'n syllu i hon.

W. H. Davies

Trallod yr hobo diobaith ydoedd
cerddediad amherffaith
dyn yng ngefyn anghyfiaith,
yn gloff gan ei fagl o iaith.

Hwyl Ifor Owen

I fawrhau Ifor Owen amryddawn
ymroddwn yn llawen;
â'i holl waith gwnaeth ardd ein llên
yn reiat o orawen.

Cyfarch Meic Stephens

(*Gŵyl Ddewi 1986*)

O weld mor llawn y grawnwin, winllanwr
ein llên, buost ddiflin
iawn er rhoi dau fath ar win
yn hwylus wrth benelin.

Cyfarch Gwynn ap Gwilym

(*Ym Mhrifwyl 1986*)

Er taro gro Dyfi'n gryg o'i rynnu
gan ferwinwynt haerllug
diwedd p'nawn, dy ddawn a ddug
alaw o frigau'r helyg.

Cyfarch Ieuan Wyn

(*Ym Mhrifwyl 1987*)

Oedi a threio'n sydyn y mae'r iaith
fel môr oer ar dywyn;
da iawn yw fod Ieuan Wyn
yn gry' ar frig yr ewyn.

Cofio T. H. Parry-Williams

(*Ym Mhrifwyl 1987*)

Ofnwn, pan fynychwn ni'n Huchel Ŵyl,
na chlywn, uwch y moelni
garw ei wedd, frenhinol gri
yr eryr yn Eryri.

Gerallt Lloyd Owen

Mae'n straen yn stiwdio'r heniaith oherwydd,
yn yr hwyr anghyfiaith,
ni wêl neb lun o obaith,
ond mae'r artist trist ar waith.

Alan Llwyd

Ar wŷdd annwyl ein barddoniaeth yn gwau,
a gaeaf ein hiraeth
ni mor hir, yn wir fe wnaeth
un wennol gryn wahaniaeth.

R. S. Thomas

Er mor aflan ei alanas erioed,
er mor groch yw'r Anras,
ni lwyddodd eto i luddias
cri Morfran ar greiglan gras.

D. Gwyn Evans

Cana'r adar o bob rhyw arïau
  sy'n cyffroi dynolryw;
 er hwyl y cân y rhelyw
 ond o raid y cân y dryw.

Dic Jones

(*Wrth gyhoeddi* Sgubo'r Storws)

O hyd yn ddiwyd yn ddiamheuaeth
  mae Awen sydd wrthi'n
 para'n lân eto 'leni
 'nghanol dwst dy storws di.

Emrys Roberts

(*Wrth gyhoeddi* Rhaffau)

Emrys, llwyddaist i'n cymryd â rhaffau'r
  proffwyd dros hollt enbyd
 yn y glog i'n dwyn yn glyd
 o wyddor i gelfyddyd.

Huw Geraint y Fet

Y gŵr hysbys yn ei grysbais yw'r un
  fu'n fy nhrin yn gwrtais,
 a'i lafn, mor dyner â'i lais,
 yn y clwy', prin y'i clywais.

Syr Cennydd Traherne

(*Morgannwg 1952-1985*)

Ar hyd Morgannwg dridarn, oet, Raglaw
    Coedrhiglan, yn gadarn
  dy ddeddf feddf, oet ddoeth dy farn,
  oet ŵr reiol, Trahaearn.

Gwynfor Evans

O orfod ar ein crwydr hirfaith ni welwn
    ond anialwch diffaith;
  gwêl yntau flinderau'r daith
  o Ben Nebo, yn obaith.

Y Parchedig Ddoethur Geraint Tudur

Hel a thrafod gwybodaeth wna 'sgolor
    ac yn sgîl ymdriniaeth
  Geraint Tudur doethuriaeth
  yn hollol haeddiannol ddaeth.

Llond gwlad o longyfarchiadau a roir
    i'r un, gyda'i ffeithiau
  cywir oll, a fu'n sicrhau
  Howell Harris rhwng cloriau.

Y Parchedig J. Cyril Bowen
(Gweinidog am 40 mlynedd)

Anrhegwn â'n gwrogaeth ymlyniad
deugain mlynedd helaeth,
gyda'r gŵr o'i gadair gaeth
yn dal at ei dystiolaeth.

Y Parchedig J. Cyril Bowen
(Gweinidog am 50 mlynedd)

Heb gwynfan gan mor anodd ei hanner
can mlynedd, derbyniodd
nerth ei Feistr ac, wrth ei fodd
yn y gwaith, fe'i pregethodd.

Y Parchedig David Williams
(Gweinidog am 60 mlynedd)

Yn naw deg oed gweinidog yw o hyd,
gweinidog diledryw,
gwylaidd iawn i'r Arglwydd Dduw,
gweinidog i Hwn ydyw.

Mrs Sera Jane Morgan
(Ar ei 90fed Pen-blwydd)

Â hi'n gweld a dilyn y gwir erioed,
i rodio'r ail filltir
ymroes drwy ei heinioes hir
o ymostwng i'w Meistir.

Trysorydd Cymdeithas Ariannin

(*Wrth ymddeol*)

Rhaid yw troi a rhoi ffarwél araf iawn
 i'r ferch ar y gorwel
na fu un a'i carodd fel
y gŵr ifanc, Tom Gravelle.

I Groesawu Wyres

(*Ionawr 29, 1991; adeg y rhyfel yn y Dwyrain Canol*)

Yn weddaidd, ddechrau'r flwyddyn, â'n daear
 ar ei duaf cyndyn,
agoraist yn flaguryn
eiliw yr haul, Lowri Wynn.

Lowri Wynn, wyt rosyn yr haf, ernes
 na chaiff oerni'r gaeaf
hwn barhau, y daw hin braf
er i'r heth dreio'i heithaf.

Eithaf y gaeaf fu'n giaidd, er hyn
 Lowri Wynn, mor llariaidd
annwyl wyt, ti ddofi'r blaidd
yn rhwydd â gwên mor weddaidd.

Cydymdeimlad

Gan fod araith faith mor seithug, gyfaill
 mewn gofid, na thremyg
roi hon yn gyfalaw gryg
i'r alaw yn yr helyg.

Priodas Arian Gwilym ac Elan

Gŵr hawddgar yw'r gof arian, a gŵr hoff
o'i grefft wrth ei engan
annwyl ef yn gweithio'n lân
gwlwm Gwilym ac Elan.

Priodas Arian Gwerfyl ac Emlyn

Yno daeth holl fendithion a gwenau'r
gwanwyn, ond yr awron
yn eu lle daw gwenau llon
yr haf i Lan yr Afon.

Priodas Arian Ieuan ac Anwylyd

Er pob llwyth mae'r un esmwythyd yn iau
Ieuan ac Anwylyd
heddiw, a'r un dedwyddyd
yn Y Gaer Wen 'geir o hyd.

Priodas Arian Owen a Manon

Â'r byd i gyd yn gwrando'i gân, cymer
yr alcemydd diddan
at ei waith o drin y tân
a dry'n aur y darn arian.

Priodas Berl Owen a Manon

Ni lwyddodd amser i luddias y tân
sy'n tynnu o'i gwmpas
bob dydd, o'i herwydd mae ias
y mererid mor eirias.

I Megan Wynn Jones

(Ar ei Phen-blwydd)

Mae'n naturiol in ffoli ar y wraig
bedwar ugain heini;
Megan wnaeth ein magu ni
a deil i'n hysbrydoli.

I Manon

(Ar ei Phen-blwydd)

Adar llon sy'n dod i'r llwyn gan daro'r
genadwri addfwyn;
hen erioed fu dawns yr ŵyn,
trigeinoed yntau'r gwanwyn.

I Lenna

(Ar ei Phen-blwydd)

Pryf amser fu'n gwag-symera ar hyd
blodau'r ardd, ond para
yn ddel iawn, heddiw, Lenna
mae dy lun, rosyn yr ha'.

I Nia

(*Ar ei Phen-blwydd*)

Yn benrhydd fel blodau'r gwyddfid, agor
wna blagur ieuenctid
yn yr haul gan golli'u gwrid
ond Nia nid yw'n newid.

Croeso i Owain Rhys

Owain Rhys, 'rwyt yn drysor dy hunan
ond ynot mae rhagor
na dawn, mae gennyt yn stôr
holl anian bardd a llenor.

Y Parchedig Ddr W. T. Owen

(*Gweinidog am 50 mlynedd*)

Dilyn y Saer wnest o Lôn Swan i hen
brifddinas y Saeson
ac ar hyd dy yrfa gron
Ei gael wrth fodd dy galon.

Canmol Ei enw, canmol Ei waith – hynny
a fu'n llanw dy ddyddgwaith,
lleueru dy holl araith;
'gwneud a dweud' ar hyd y daith.

Yr Ynys Wen

(*Meirion Lewis, Prifathro'r ysgol, yn ymddeol*)

Lle ddoe bu lli o ddüwch, o'i herwydd
ef, Meirion, â'i ddycnwch,
yno heddiw canfyddwch
Afon Rhondda'n lân ddi-lwch.

Shân Emlyn

Yn ei halaw y mae golud y fwyn,
ni fedr troeon bywyd
wthio eu hanesmwythyd
i gân Shân na drysu'i hud.

I Ddau a Ddyweddïo

Gardd i'w thrin heb ynddi flino o gwbl,
a gardd yn blodeuo'n
bersawrus felys a fo
i ddau a ddyweddïo.

Cerddi Coffa

Roy Stephens

Yn ddistaw i'r berllan lawen a roes
inni ffrwyth ei awen
rydd daeth sadydd ffals ei wên
i fwyellu'r afallen,
yr afallen gref holliach â holl hoen
afallennau'i llinach
yn dirf yn ei chnydio iach,
afallen y gyfeillach
fu dani hi'n trafod ein hiaith a'n llên,
holl hanes eu hymdaith
anorffen, a thwf perffaith
ei brigau hi'n hybu'r gwaith,
yn arllwys hyd y berllan afalau
eurfelyn i'r egwan
ei gerdd gael pereiddio'i gân
ar led drwy'r ddaear lydan.

O'i thorri hi dieithr yw hyn o le,
a pherllan lom ydyw
hon o fynd 'rafallen fyw
allai adfer y lledfyw.

Yr Odliadur

Yr wyf yn dal i brofi yr un wefr
yn awr wrth farddoni
â Roy'n parhau i weini
gwin wrth fy mhenelin i.

Er Cof: Bernard Evans

I Gaerdydd o Garwe daeth un union,
annwyl ei frwdaniaeth
a'i awen oll, a phan aeth
anhuddwyd ein llenyddiaeth.

Er Cof: Gwenlyn Parry

Drysu a wnaeth y drysor, a thywyll
fydd y theatr rhagor
gyda hyn o gau ei dôr.
Nage, mae'r llenni'n agor!

Er Cof: Ennis Evans

(*Ar Faes Prifwyl y Rhyl 1985*)

Rywsut y mae'n ymdrwsio'n ir o hyd
â'r Ffynnon Groyw honno'n
parhau i ddyfrhau y fro,
ond Ennis nid yw yno.

Er Cof: Rhydderch Jones

O orfod, o weld terfyn rhy swta
ar y set i'w dderbyn,
yn ei siom mae'r teulu syn
yn llygadu'r llygedyn.

Er Cof: Arwel Hughes

Am i Arwel ymyrraeth â'r môr mawr
a mud â'i ddewiniaeth
y rhyddheir ei gerddoriaeth
dro 'rôl tro ar lawer traeth.

Er Cof: Tydfor

Fe droes yr Hen Grymffast castiog am gwm
y gân gyda matog
aruthr ddur a thrawodd o
Gwm Tydu'n gwm tawedog.

Er Cof: Y Parchedig Gerallt Jones

Mor deg yw cymryd egwyl i orffwys
wedi gorffen gorchwyl;
ar fôr o wydr 'rwyf, yr hwyl
yn iawn a'r cwmni'n annwyl.

Er Cof: William Davies

Yn weddus fel hen fynyddoedd Maldwyn
y'i moldiwyd nes pioedd
eu rhin, ac fel dyffrynnoedd
addfwyn Maldwyn addfwyn oedd.

Er Cof: Edgar Wynn Jones

Mor addas ei ymarweddiad, mor ffel,
mor ffeind ei gymeriad,
yr oedd Edgar yn gariad
o ŵr, ac yn dŵr o dad.

Er Cof: Brinli

Yn hyfedr mewn llys anghyfiaith a garw
plediodd gŵr y gyfraith
dros roi hen drysorau'i hiaith
i'w Forgannwg furgyniaith.

Er Cof: Emrys Jarman

Y cain a'r prydferth a berthyn i'n gwlad
a goludoedd dillyn
ei hiaith hi, y pethau hyn
a hoffodd a'u hamddiffyn.

Yn hwyliog wrth fygylu, efo'i holl
gyfeillion o'i ddeutu
yn y bwlch, mor ddygn y bu
Emrys yn gwarchod Cymru.

Er Cof: Aneirin Lewis

Trwy'i fywyd diwyd tawel ei aelwyd
a wyliodd, a'i gapel,
yn bwyllog a diogel
a rhoi'i ddysg i'r rhai a ddêl.

Er Cof: David Lloyd

Y goreuon a grewyd yno 'rioed,
er hyn fe syfrdanwyd
y nef hithau pan fathwyd
arian llais y deryn llwyd.

Coffáu'r Rhai Bach

Y lle buoch chwi'n egino, wele'r
bwystfilod fu'n turio;
yn awr cewch, yn llyfr y co',
le i dawel flodeuo.

Cerddi Cyffredinol

Amser

O'i tharddell bell cyn ein bod ni, afon
henifanc ei hanfod
ydyw hi, a'i mynd a'i dod
yn ei hunfan i'w canfod.

Yn oer ac eto'n berwi, a'i bwrlwm
yn barlys, a'i basli
yn ddwfn oll, addfwyn yw hi
a chwyrn wrth edrych arni.

Yn gyrru, eto'n gorwedd, yn rymus
yn rhwymau'i heiddiledd,
yn llawn gwae yn llon ei gwedd,
a phwyllog ei gorffwylledd.

Tu draw i'w haber disberod erys
tonnau'r môr diymod
â'u dwndwr yn fudandod
ar lan bell ar ôl ein bod.

Bryniau

Y gwastadeddau i geisio dedwyddyd
'gyrchais a chefais hwy'n brafiach hefyd
ond, er fy holl ymorol am olud
eurfaes, methais â phrofi esmwythyd
o'i estyn, dim ond tristyd o gofio
na ŵyr fy meibion am fur fy mebyd.

Ym Mlaenau'r Rhondda Fawr

Ni ddaw Twm Hywel Llywelyn heibio
  â'i driban a'i englyn;
 daearwyd yr aderyn
 luniai gerdd yng nghoed Clun Gwyn.

Mae sibrwd taw ger Cwm Seibran, ar Waun
  Pwll Brwyn, ga's y truan
 ei ddiwedd, na fedd o'r fan
 ewyllys i ddod allan
oherwydd i rai durio i'r llennyrch
  perllannog a'u cuddio
 dan domennydd wrth suddo
 yn y Glyn eu pyllau glo.

Yn wancus trowyd encil y werin
  yn fan chwarae epil
 anwar bostfawr y Bwystfil,
 Afon Rhondda'n chwydfa'r chwil.

Â ffanffer o hwteri anweddus
  cyhoeddodd y meistri
 newyddion, ym mudreddi'u
 hysgarthiad, barhad eu bri.

Ond dros dro fu eu trwst er hyn; yn ust
  y gosteg a'i dilyn
 rhaid aros i'r aderyn
 luniai gerdd yng nghoed Clun Gwyn
hudo'r haul i dir Tŷ Draw i wenu,
  a'r tribanwr distaw
 hwnnw i eilio'r hen alaw
 yn Nhŷ Newydd ddydd a ddaw.

Adduned

Ionor yr edling a ddaw yn brydlon
i'w deyrnas welwlas, a'i ddeiliaid swilion
o goed a ddwg o deyrngedau ddigon
i'w brenin, llond eu dwylo crinion,
gwachul o fwclis cochion, nes delo'r
Gwylliaid Chwefror a rhwygo'r anrhegion.

Dyn Canol Oed

Eryr yw na chenfydd fry
uwch entrychion i'w trechu
ac yntau ar frig anterth
ei fwynhad yn profi'i nerth,
a thry gan hynny a 'hed
yn braf araf i waered.

Yr Ugeinfed Ganrif

Hen wraig yn llawn o ddrygiau, yn ysig
    dan bwys ei blynyddau
  a'i chawdel o bechodau'n
  rhy hurt i edifarhau.

Waled

Llawenydd a fu ei llenwi ag arian
    ond gwir sylweddoli
  bellach wnaf na feddaf i
  ond waledlad o dlodi.

Cylch Cinio Caerdydd 1951-1991

A gawn ni, wrth in giniawa, gofio
am a gafwyd yma,
am win, am iaith o'r mwyna',
a thorth, a chwmnïaeth dda,
cwmnïaeth helaeth ei hwyl, cyfeillach
cyfeillion ar egwyl,
aduniad ffrindiau annwyl
gaed o'u gwaith i gadw gŵyl.

Gŵyl fisol, adfywiol fu hi erioed,
ac yn frwd iawn drosti
dathlu'n llawen eleni
ei deugain oed a gawn ni.

Cylch Llyfryddol Caerdydd

Ambell dro rhown y gorau i'n gerddi
i gwrddyd â ffrindiau
sy'n trin a thrafod blodau
o hen ardd a'u gwir fwynhau.

Ysgol Glan Taf

Anorthrech fu afiechyd Afon Taf
ond daeth hen ddihewyd
i lanw hon o'r Blaenau hyd
y Bae â bwrlwm bywyd.

Pibonwy

Ar y sil llwyfennir sioe'r hen wyddon
sydd yn naddu glafoer,
sy'n creu rhes berlau o boer,
grisial o ddagrau iasoer.

Tabled

Dod i ben yw fy niben i; eisoes
mi ge's fy rhagnodi
i wneud hyn fel y cait ti
adfywhad o'm difodi.

Cribin

Y mae synnwyr i drylwyredd barus
ei bori, ond rhyfedd
iawn yw gweld mor fain yw gwedd
un â'i ddawn yn ei ddannedd.

Pedol

Ŵr yr efail, fe ysbeili rywsut
y rhosydd o'u ffresni
a'u penrhyddid pan roddi
ar fy ngharn ei haearn hi.

Cyfrifiadur

Nid chwarae gyda graean na chwarae
â cherrig mae'r bychan;
ar ôl eu hel hwy ar lan
y môr mae'n cofio'r cyfan.

Croeso

Gyfaill, fy nrysau, os deui, a geir
yn agored iti
i aros os dewisi
gan nad eiddof eiddof i.

Croeso'r Wern

Cael Y Wern yn oleuni clyd a sicr
wna'r sawl sy'n cyrhaeddyd
a chael, pan fo'n dychwelyd,
lusern yn Y Wern o hyd.

Tebot

Rhoir ar ei ddail ryw arddeliad, a cheir
i chwi mewn amrantiad,
yn brawf o'r croeso, brofiad
annwyl iawn o win y wlad.

Gefeilliwn, gyfeillion

Ni all y ddwy gyfeilles hyn, yr hen
Gymraes a'r Llydawes
ysig yn awr, wasgu'n nes
ond fe all dwy efeilles.

Er hyned eu carennydd hwy ill dwy
fe all deuawd newydd
o uno'r rhain dorri'n rhydd
yn llawn, yn llawn llawenydd.

Felly, ar ôl gefeillio'n dwy dre' ni,
Landerne, Caernarfon,
â'i gilydd tery un galon
dôn ddifyr iawn dan ddwy fron.

Iwerddon

Yn gaer gaeadfrig im, bendefiges,
bu coed f'amddiffyn yn tyfu'n y tes
yn irdwf union ar hyd fy hanes
ac, er i storm ar ôl storm o ormes
ysigo'r rhain, erys gwres eu deilio
gwyrdd goludog ym mawnog fy mynwes.

Iwerddon

Yn frwysg gan wefr ei hesgor, hi Erin
wyryf wedi'i hagor
a'i rhwygo, ni ddwed rhagor
na'i chyffes ym mynwes môr.

Iwerddon

Ei chân droes yn ochenaid oherwydd
ymyrraeth dieithriaid,
â'r cof am ddoe'n boen ddi-baid
enynnol yn ei henaid.

Y Ffin

Os gwyrdd ydyw gwisg Iwerddon, os llaes
a llawn yw'n ei phlygion,
ni chuddia'n rhwydd arwyddion
rhosliw'r briw ar draws ei bron.

Menter Cwm Gwendraeth

I'r fenter o adfer yr iaith Gymraeg
ymrown yn llawn afiaith
gan roi pob gewyn ar waith
i anwylo hon eilwaith.

Sefydliad yr Ysgyfaint

Â hunllef dioddefaint y werin
yn ei llorio gymaint,
gofal am yr ysgyfaint
o dan ei bron ydyw'n braint.

Pentref Porth Meirion

Dihafal oedd fandaliaeth un gŵr oedd
am greu trefedigaeth
aliwn dwt; fel hyn y daeth
Hydra i Benrhyndeudraeth.

Chwarel

Am flynyddoedd maith fe weithiwyd yn hon,
ond yn awr anghofiwyd
y fath gyfoeth a gafwyd
yn orielau'r llyfrau llwyd.

Pobl y Drws Nesaf

Cymdogion cydnaws, ni chawsom ni well
cyfeillion, ond gwyddom
y bydd, cyhyd ag y bôm,
lwyr angen am wal rhyngom.

Non

Â Sant yn fy nhrachwantu, ni wn i
ai hardd oedd fy nhaflu
ai hyll, ond nid wy'n gallu
amau'r wefr sydd yn fy mru.

Y Fam Teresa

Dduw da, am it ddod o hyd im a rhoi,
fy Mhriod, dy fywyd
ar Galfaria 'rwy'n caru
dy blant ar balmant y byd.

Nelson Mandela

Tyfodd y fforest gyntefig yn dew,
yn dywyll gaeadfrig,
yna mwyalchen unig
bêr ei hawdl a ddaeth i'r brig.

Emrys ap Iwan

Emrys, er gosod yng Nghymru dy wlad
Ail Eden dy ddelfryd,
diwerth dy arddio diwyd:
on'd yw'r chwyn yn drech o hyd?

Van Gogh

Yn wirion annaearol ei *balette*,
yn sbloet afresymol
ei waith ef ceir peth o ôl
ynfydrwydd yr Anfeidrol.

Egin

O ganfod trafferth y perthi yn gaeth
    i gyd, heb ryfelgri
  yn fyddin werdd fe ddown ni
  â'r heulwen i reoli.

Egin

Daw atom Artist eto eleni,
    Un na chlywn yn taro
  ei frws ar gynfas y fro,
  taweled ei bwyntilio.

Mis Ebrill

Y felan sy'n diflannu, a'i gofid,
    pan gyfyd i fyny
  o garchar y ddaear ddu
  Ebrillwyrth y briallu.

Ar Alban Hefin

Diddiwedd yw'r rhyfeddol, er mor wych,
    er mor iach yw canol
  oed yr Haf daw ar ei ôl
  y dihoeni syfrdanol.

Ysgub

Wedi gorffen daw gorffwys, a diolch
yn dawel a chymwys
wna nodau'r eurglychau glwys
ar dreigl o dŵr yr eglwys.

Llaw

Os troes a fu'n wyn unwaith yn fudur
caf, wedi'r caledwaith
a'i holl lwch, â chadach llaith
ei hanwylo'n wyn eilwaith.

Llaw

Diau tlawd ydwyt, lodes, oherwydd
er darparu cynnes
wely it a choban les
'rwyt ti'n oer heb bartneres.

Brawd

Yr un pâr a fu'n cymharu, a'r un
rhieni'n ein magu
yn frawd a brawd o'r un bru;
ar wahân 'rŷm er hynny.

Brawd

Er in lenwi tapestrïau'n heinioes
  â gwahanol bwythau,
 o raid yr un yw'r edau
  a'r un ydyw'r brethyn brau.

Cwlwm

Rhywun i wneud fy nghareia' a geisiaf
  ac, oes, mae'n y Cartra'
 hwn ddyn sy'n eu clymu'n dda,
 ond pam nad yw Mam yma?

Y Cyfoes Oesol

Yr un ydyw siwrne'r wennol ar waith
  ar wŷdd y presennol;
 y mae'r cyfoes mor oesol
 ag oedd flynyddoedd yn ôl.

Diwedd Blwyddyn

Os yw llostlydan yn planio'n gywrain
  ei gored a'i gweithio'n
 gaer yn daer nid ydyw o'n
 arafu llif yr afon.

Porthladd

Gwael ein llong a phan glywn y lli yn llawn
 diclloned yn gweiddi'n
 groch yn awr, fe gyrchwn ni
 ddŵr di-stŵr ei dosturi.

Salem

O gam i gam yn gymen y rhodiaist
 gan gredu bod rhaglen
 Duw i'w mawrhau, ond mae'r hen
 oes yn newid, Siân Owen.

Yr Hen Sul Cymreig

C'wilydd fu mannau culion yr hen hewl;
 er na welir Phaeton
 hardd ddoe ar y draffordd hon,
 mae'i hôl ar ei hymylon.

Ysgariad

Mor drist dod yma ar dro
i edrych lle cododd rywdro
ddau bensaer gaer o gariad
gan lyfnhau ar seiliau sad
gymrwd brwd gwanwyn eu brys
i ddal ei meini'n ddilys.

Aeth ar gam dan ruthr y gwynt,
gwyro o'i hysu gan groeswynt.

'Nawr, â'i mur mewn llawer man
ers amser yn bur simsan,
rhy gaeafrew y gyfraith
glecen a gorffen y gwaith.

Y Mab Alltud

Daw i holi wedi'r dilyw; holi
wrth weled y distryw,
am ei fam, a ddeil yn fyw,
ond holi di-hid ydyw.

Llwy

Taranai'r motor unwaith o'i yrru
i'r garej yn berffaith
ond distaw, distaw yw'r daith
yn ôl i'r un man eilwaith.

Paun

Ni fedr hedfan na chanu yn ei fyw
ac ni fedr ef felly
ond deallus wyntyllu
mater ysblander ei blu.

Cŵys

Am ei einioes mae'r arloesydd ifanc
yn profi llawenydd
a rhyddhad rhwng morddwydydd
aur y ddôl ym more'i ddydd.

Llyffant

Yn unig yn nugors anian ni all,
yn ei ddillad croesan
isod, ond disgwyl cusan
awel hud a'i cwyd i'r lan.

Ysgall

Yn eu hetiau glas iasol, am warchod
mae'r merched atebol
gwrywaidd hyn sgwâr y ddôl
â phinnau amddiffynnol.

Ar Nos Galan

Yn y gwydr cawn lygadu y tywod
di-hoe sy'n golygu
bod gan y truan a'i try
ŵy arall i'w amseru.

Llyfr

Nid yw awdur blaguryn yn amau
yr ymgymer rhywun
â rhyddhau'i betalau tynn
onid yw yn flodeuyn.

Llyfr

O freuddwyd y tyf ei wreiddiau, ond yn fforch
    lydan ffyrf ei gangau
  mae'i ddail yn llawn meddyliau
  cans diben pren yw parhau.

Eirlysiau

Cawsom heddiw, o'r diwedd, y newydd
    i'r gaeaf o'i lesgedd
  garw farw, ac ar ei fedd
  wele fale gorfoledd.

Yn yr Hydref

Rhaid gwenu ar y duedd i gochi
    cans os gwych yw delwedd
  haf o hyd mae'r wisg a fedd
  i'w diosg yn y diwedd.

Enw

Yma oedaf heb rwymedi i 'nghŵyn
    yng nghanol yr *Abbey*
  mai rhyfedd y gorweddi,
  nid heb fedd ond hebof i.

CERDDI ERAILL

Cerddi na chyhoeddwyd mohonynt yn nhair cyfrol T. Arfon Williams

Cerddi cred

Y Tri

Er rhwymo o'r gorthrymydd hwy a'u rhoi
ill tri gyda'i gilydd
yng ngwres y ffwrnes, deil ffydd
i aros y Pedwerydd.

Duw Biau Edau Bywyd

Un distaw a didostur ond tyner
at hynny yw'r Awdur
hwnnw a fyn ysgrifennu'r
Mene, mene ar ein mur.

Neges y Nadolig

Daw hon o'r Wern yn ernes o eiriau
araul yr hen neges
lon a ry'n y galon wres,
y gân a'i ceidw'n gynnes.

Gobaith y Nadolig

Y mae, uwchlaw amheuon y nos oer,
un Seren obeithlon,
a rhaid cael, yr adeg hon,
ei golau yn y galon.

Y Baban

Os deil y ffôl i'w dolach, yn yr oes
wâr hon llawer rheitiach
gwlychu pen y Bachgen bach
a'i foddi mewn cyfeddach.

Ymson Mair

Bellach, o gynnau'r golau gwyn na all
tywyllwch mo'i ddychryn,
rhydd y sêr, o'u graddau syn,
ogoniant i 'Machgennyn.

Seren Bethlehem

Ar y ffordd sydd uwchlaw'r ffos anoddun
ni lwydda hi'r hirnos
i ddal un a ddilyno
Seren wen a ysa'r nos.

Nadolig 1997

A gawn, pan gofiwn y Geni, ddiolch
i Dduw canys oni
phrofwyd ar ein haelwyd ni
o'i lawenydd eleni?

Bwlch

Y ddeubeth fe gafodd wybod, i mi
gael rhan Mair a darfod
i Harri gael rhan Herod,
ond prin y bydd Dadi'n dod.

Y Bugail Da

Yn flin, wedi'u holl flewynna ofer,
daw'r defaid i'r borfa
orau ar Fryn Calfaria
a'i weld ef, y Bugail Da.

Mair Magdalen

Hyderus wyf i ar doriad y wawr
oherwydd yn nhreiglad
y maen llwm y daeth 'mhenllâd;
wedi codi mae'r Ceidwad.

Yr Atgyfodiad

Yn gwingo'n ei chyfyng-gyngor nid oedd
un dim ond gagendor
nos i'n hil hyd nes i'n Hiôr
rwygo'r ogo' ar agor.

Bwlch

Ymgasglu wna'r defaid truain i fynd
o faes yr wylofain
oherwydd dod i'w harwain
Un a ŵyr ei ffordd drwy'r drain.

Bwlch

Er daearu'r daearol, er cracio'r
eicon yn derfynol,
myn haid o Effesiaid ffôl
ei fod yn arallfydol.

Ffenestr Capel Henllan, Cwm Honddu

Rhywfodd fe allwn brofi nerth ei ffrâm
wrth offrymu'n gweddi;
yna'r Haul, drwy'i chwareli,
sy'n rhyddhau'n heneidiau ni.

Olwyn Ddŵr Y Wern

Gyda'r gaea'n troi'n wanwyn rhoi yn hael
a wna'r nant bob galwyn
o'i dŵr hi, a gweld yr wy'
na reolaf yr olwyn.

Sŵn

Ni phaid perchenogion ffydd â chlywed
uwchlaw twrf ystormydd
mor dawel mae'r awel rydd
yn ymyrryd â'r morwydd.

Sŵn

O lawenydd, pan ddilynaf hen fand
hyn o fyd, fe'i harchaf
i'w tharo'n chwil, eithr ni chaf
'run hwyl o'r utgorn olaf.

Yng Ngardd Tir Bach

Ar antur, â'r awyr iach yn denu,
caf rannu cyfrinach
ac, efallai, gyfeillach
â'r Duw byw yng ngardd Tir Bach.

Awr

Â'i ing yn fawr hyd drengi yn yr ardd,
fy Mrawd yn ei gyni
ymrôdd am awr i weddi,
ond mae yn ormod i mi.

Barn

Onid yw'r galon ynof, o achos
fy muchedd hanercof,
yn ddu, ddu? Felly, pan ddof,
O Iesu, eiriol drosof.

Barn

Â'i holl hwyl, os ydyw'r Llun yn addo
bod dyddiau hirfelyn,
diogel i ddod, gwylia, ddyn:
daw'r Sadwrn yn dra sydyn.

Cap Stabal

Wele draw deulu o dri yn ofnus
gan ddyfned eu tlodi;
yr Un â'r weren eni
arno ef yw 'Mrenin i.

Dysg

A feddo arfau amheuaeth, treiddied
rhuddin pren gwybodaeth:
yma'r holl dymhorau a aeth
a wasgwyd yn gynhysgaeth.

Cariad

Mae hen haint, sef mam yr heintiau i gyd,
sy'n gadael effeithiau
hyll o'i hôl, ac i'w gwellhau
cariad yw'r ffisig gorau.

Cân yr Angel

O goelio'r hen fugeiliaid
ar hyd a lled y rhos,
rhoi llewych gwan wnâi'r lleuad
a'r sêr yn nyfnder nos,
ond yna, i le dinod,
a thlawd fel Bethlehem,
yn ebrwydd daeth ef, Gabriel,
â'r wawr yn gloywi'i drem.

Oherwydd ei ddisgleiried,
eu hofn a'u harswyd hwy
yn wyneb ei ogoniant
ni fu erioed yn fwy,
ond wele, fe dawelodd
â'i lef eu hofn yn lân,
a'u llanw â'r llawenydd
a geir o wrando'i gân.

Y gân am wyrth y geni,
am greu ym Methlem Grist;
y Gair a fyn gywiro'r
hen dro yn Eden drist;
y Gair sy'n codi'r gwirion
o'i fedd i fyny'n fyw,
y Gair sy'n llawn o gariad
y Tad, o gariad Duw.

Cribin

O rodio'i faes rhy'r da ei fyd, a hynod
haelionus ei ysbryd,
eitha' hawl i Ruth o hyd,
yn sgîl Boas, gael bywyd.

Carol Nadolig

Gwrando'n fodlon ar orchmynion
yr angylion heno wnawn;
gan ymddiried i'w hadduned
myned 'da'r bugeilied gawn.
O gael trywydd tri seronydd
hardd ni fydd y ffordd yn faith,
cans yng nghynnydd seren newydd
nos dry'n ddydd, a'n ffydd yn ffaith.

Cawn, wrth gyrchu at hen feudy,
synnu a rhyfeddu'n fawr;
os anniddos yw'n ymddangos
heno'r nos – ceir yno wawr.
Mae, dan nenbren llety'r ychen,
Wyry wen sy'n deg ei phryd;
rhwng ei dwyfron, Rhosyn Saron
galon radlon yn ei wrid.

Dwyfol gynllun roes flaguryn
Iesse in – Crist Iesu yw;
rhy'r anfeidrol fymryn meidrol,
'ranhunanol ddynol Dduw,
wên dragywydd, er i Ddialydd
waedu'i rudd â phigau drain,
ceir gorfoledd dwfn dangnefedd
ar ei wedd sy'n drech na'r rhain.

Down yn dawel, plygu'n isel,
plygu fel y plyg Efe;
onid dyma'r diniweitia'
â i'r lladdfa yn ein lle?
Llawn cadernid yw'n ei wendid
ger y byd yn gwyro'i ben;
dyma'n Dirprwy dry'r llygradwy'n
anllygradwy mwy. Amen.

Diolch: i W. Rhys Nicholas

Er i Awen roi ei gwenau i'r rhai
sy'n treio rhyw ddarnau
yn y côr, mae'i breichiau'n cau
am un a gân emynau.

W. Rhys Nicholas

Er i bawb ffarwelio â'r byd o raid,
parhad ydyw'r gwynfyd
i mi, cans yn fy mywyd
Anthem yr Oen aeth â 'mryd.

Cyhoeddi *Llawlyfr y Beibl*

Yn rheolaidd uwch na'r rhelyw mae ôl
Gwilym H. ddiledryw;
ysgolhaig disigil yw
a thad gwybodaeth ydyw.

I'r Eglwys

Gan hollol sylweddoli roi o'n Tad
Geraint Tudur inni
i'n harwain a'n cynghori,
gwmni hardd, rhagom â ni.

Ar Achlysur Dadorchuddio Cofeb y Parchedig Lewis Powell ym Mynwent Cathays, Caerdydd

O wireddu'n gyflawn freuddwyd bywyd
Lewis Powell, proffwyd
cywir glew, ceir carreg lwyd
i gofio am a gafwyd

gan ei eglwys, ac yn hyglyw heddiw
yng Nghaerdydd mae'r cyfryw
yn dywedyd nad ydyw
yma'n ei fedd – mae e'n fyw.

Chwarter Canrif y Parchedig Ronald Williams

I'r Saer, yng ngolau'r Seren, yn brentis
y'i breintiwyd, ac wele'n
oreuwas llawn gorawen
yn parhau i drin y pren.

I Dafydd Hughes

(*Wrth iddo dderbyn galwad i Lanrug*)

Dyged dy weinidogaeth i bob un
o bobl dy ofalaeth
yn y lle hwn win a llaeth
y Gair â'u holl ragoriaeth.

I Dafydd Hughes

Mor braf yw gweled Dafydd yn Salem
yn rhoi sylw o'r newydd
ar fore Sul i'r wefr sydd
o foli'r Dihefelydd.

Cerdd Deyrnged i'r Parchedig Emlyn G. Jenkins

Caed ym Mro Myrddin y werin ora';
o blith ei gwreng wele'n fab ieuenga'
rhieni addfwyn, a'u cartre 'Noddfa'
'n aelwyd ddiddos i'r achos gorucha':
gweithiwr doeth a phregethwr da a ddaeth
i'w alw'n bennaeth gan bobl Annibynia.

Pwy'n gymeradwy ond digymrodedd?
Pwy'n cymell pwyll awr anterth gorffwylledd
gwledydd y ddaear dan bla'r gynddaredd?
Pregethu'n ddiwarafun am ryfedd
gariad y Tad yn gennad hedd a wnaeth
yn ei ofalaeth yn llawn gorfoledd.

Mewn oes mor ddifraw ni welwyd llawer
llanc o ddifrif yn tanio cynifer,
ond daeth Cymru yn dyst i rymuster
fflam anniffodd ddifrododd ddifrawder
y wlad o gylch Pencader yn tasgu
heibio i'n hysu yn Ebeneser.

Yma unwaith gyda'r dwylo gweithgar
na fu'u huotlach, troes belydr llachar
diwyro Duw ar bellteerau daear;
yng ngolau'r bregeth Gwyneth yn gynnar
ymroes i'r dasg o wasgar erchylltod
pechod a'i gysgod o Fadagasgar.

Bugail cywir yn ennyn ymddiried,
cynghorwr addfwyn, pregethwr aeddfed,
ond eiddo athro ydoedd ei weithred
yn rhoi i'r dyfodol gyfrol yn ged
a wna i luoedd ymglywed â swyn
henwr anwylfwyn a thirion – Elfed.

Yn ŵr o ddysg bu'n ymroi i ddysgu,
heb fwrw'r draul wrth weld rhif y teulu'n
myned i waered ond dal i gredu.
E roes, da was, i'r Arglwydd Crist Iesu
ei oll hyd eithaf ei allu, a gwiw,
na, rhaid yw heddiw ei anrhydeddu.

I ŵr o bregethwr gwrogaethwn,
i fugail di-ail teyrnged a dalwn.
I gyfaill, cans fel cyfaill y'i cofiwn,
yn fwy na'n rhodd ein diolch a roddwn.
Eilchwyl iddo diolchwn am ei waith
a saith ugeinwaith ei glod a ganwn.

Wrth Anrhegu Mrs Jenkins

Hawdd yw rhoi rhodd i rywun eithriadol
am weithredoedd dillyn
wnâi heb dâl na ŵyr neb dyn
eu hamled onid Emlyn.

Mair Davies
Gwladfa Patagonia

Erioed, â'r un brwdfrydedd â heddiw,
cyhoeddodd gyfaredd
y Gair sy'n llawn trugaredd,
y Gair byw sy'n gwagio'r bedd.

Cerddi teulu a cherddi cyfarch

I Einir

Ni chefais boen, ond hoen a hwyl a blas
    ar bleser pob egwyl.
  Am fy afiaith, gwaith a gŵyl,
  canmolir Einir annwyl.

Anwylach un ni welwyd na'i deliach,
    'rwy'n dwlu'n wyneplwyd
  o gofio'r wefr a gafwyd
  a'r ias o'm dal yn ei rhwyd.

Yn ei rhwyd bellach parhaf o gariad.
    Hi gerais yn gyntaf;
  yn dyner glòs amdanaf
  ei hanwes gynnes a gaf.

A gaf i'r ias a gefais i barhau?
    'Bery hi'n ddiymgais?
  fy nghâr ataliodd fy nghais –
  ei chyfan oni chefais?

I Einir

Mor weddaidd yw ymarweddiad Einir
    yn dwyn ag eneiniad
  ei mwythau hi esmwythâd
  i'w gŵr sy'n glaf o gariad.

Eira Ddoe

Yn y gwanwyn, os gwynias yw ein serch,
os sicr yw'n priodas
a thyner ein perthynas
eira ddoe o hyd rydd ias.

Ar dy Ben-blwydd
(*Hydref 1995*)

Gwn, O!'r annwyl, wrth dy wylio heddiw
na wyddost am wywo,
Einir Wynn, nad oes na thro
na diwedd i'th flodeuo.

Ar Ben-blwydd Einir
(*Ynys Cyprus, Hydref 1996*)

O gael hoe ar ynys glên eleni,
ar ei glan ddisgleirwen
dotiais at Aphrodite'n
denu o hyd gan nad â'n hen.

I Einir, ar ei Phen-blwydd
(*Hydref 1997*)

Heddiw, gan na ddaw heneiddio i'w rhan,
mae'n bryd unwaith eto
i fawrhau harddwch y fro
â'r Hydref ynddi'n ffrwydro.

Hen yw, ond afon yw hi o gariad . . .

Er ei hangerdd, pan gerddi dir Y Wern
ar dro, prin y clywi'r
afon hon mor ddofn yw hi,
daweled sŵn ei dyli.

Ar Ben-blwydd ein Priodas

(*Ar wyliau yn Iwerddon, Medi 1995*)

Er hardded daear Iwerddon o hyd
nid ydyw yn ddigon
hyd nes i Einir dirion
nawr ddod i wefreiddio hon.

Ar Ben-blwydd ein Priodas

(*Medi 1997*)

'Rwy'n mwynhau rhwymau'r amod oherwydd
fe bery'r rhyfeddod
nad oes ond pleser yn dod
o barhau â thi'n briod.

Ar Ddalen yn *Annus Mirabilis*

Wele daw i Heol Don yn gofrodd
gyfrol o englynion:
y rhagorfardd, gwraig Arfon,
Einir, hi yw awdur hon.

Ar Ddalen yn *Cerddi Arfon*

Yr wyf yn gweld bro Prifwyl Llandeilo
yn llawn dail, a disgwyl
'rwy' y rhydd eu troi ryw hwyl
i Einir, fy ngwraig annwyl.

I Einir, Nadolig 1991

I ti bydded pob peth dedwydd ar gael
drwy'r Gwyliau bwygilydd
hyd Y Wern, a boed pob dydd
yn llawn o bob llawenydd.

Ar Gerdyn Nadolig i Einir, 1994

Einir, yn llawn o ynni, cyweiniaist
y cynnud yn llwythi,
a gwn, ar Ŵyl y Geni,
nad tân oer fydd yn 'tŷ ni.

Ar Gerdyn Nadolig i Einir, 1995

Nadolig ar ben fy nigon yw hwn,
ag Einir mor rhadlon,
ac ar hyd y flwyddyn gron
ei harlwy fu'n gysurlon.

Ar Gerdyn Nadolig i Einir, 1996

Er i'r gaeaf ddwyn o'r clogwyni'r gân
fawr gynt fu'n eu llonni,
nid oes, yn dy ymyl di,
yr un rhaeadr yn rhewi.

Llinos Angharad yn Ddeunaw

Alaw bur dy naturiaeth a wasgwyd
i ddisg dy fagwraeth;
yn awr cei, o'r cylchdro caeth,
fwynhau rhyddhau'r gerddoriaeth.

Owain Arfon yn Ddeunaw

Heibio'r aeth tymor maboed â'i gewyn,
ac Owain fuandroed
heddiw'n nerth ei ddeunaw oed
ddihangodd o'i ieuengoed.

Diawch, er i Owain o'r dechreuad fod,
fel ei fam, yn gariad,
ym mawredd ei gymeriad
onid yw 'run fath â'i dad?

Iestyn Llwyd yn Ddeunaw Oed

Blynyddoedd maith a deithiwyd hyd yn hyn
ond y nod a gyrchwyd
yn raddol a gyrhaeddwyd
a dyn llawn yw Iestyn Llwyd.

Llinos yn 21ain Oed

(*Rhagfyr 11, 1985*)

Er brolio pa mor bropor yw dy long
â'i howld lawn o drysor
yn mynd o'r harbwr i'r môr,
Gapten, bydd angen angor.

I Llinos, ar Raddio

(*Mehefin 1986*)

Mae'r newyddion braf a gafwyd heddiw'n
gwireddu dy freuddwyd
am le gwell na'r llyfrgell lwyd –
graddedig o rydd ydwyd.

Priodas Owain a Nia

Achos in lawenychu yw, yn wir,
canys nerth i deulu
a geir wrth ddal i garu yn ffyddlon,
uno dwy galon i'w diogelu.

Cywydd Priodas

Diddiwedd y rhyfeddod
pan fo llwybrau dau yn dod
yn un, a hwythau yno'n
sefyll law-yn-llaw yn llon.
Â'r ddau'n y gyffordd honno
hawdd cael hyd i allwedd clo;
allwedd rhy fawr i'w cholli
i annedd ddiomedd yw hi.

Dros riniog drws yr annedd
honno i hawlio ei hedd
â'r pâr, heb eu swilder pell,
nes dyfod i ystafell
olau yn llawn o heulwen.
Yno digysgod eu gwên
wrth gerdded ar garped gwyrdd
ei thawelwch bytholwyrdd,
hoen ym mhob cam o'u tramwy
a dawns yn eu 'sgidiau hwy.

Ond am y pared wedyn
â hon ceir ystafell hŷn,
a deuddyn wrth ddod iddi'n
cerdded ei charped coch hi'n
hyderus, ddibetrus bâr,
eu hosgo'n ddirodresgar,
a'u trem, mor sicr â'u tramwy,
ni chêl eu dedwyddwch hwy.

Hawdd, hawdd a fydd i ddeuddyn
gydgerdded ar garped gwyn,
cynnes y 'stafell nesaf
ar eu hynt. Ystafell braf
yw hon, ystafell annwyl
ydyw hi â'i llond o hwyl
lle caiff deuddyn, derfyn dydd,
ddod i ymlacio'n ddedwydd.

Lle da yw nes dônt ill dau
o hyd i ardd llawn blodau'n
rhyfedd dyrfa ddiderfyn
y tu hwnt i'r tŷ ei hun,
tu hwnt i'w hamgyffred hwy,
a rhodio'i hanllygradwy
lwybrau hi'n ddiogel braf
a gânt lle rhodiwyd gyntaf.

Â'r ddau'n un yng ngardd y ne',
yn bâr yng ngardd y bore,
ni fydd i'w hen ryfeddod
o'u huno beidio â bod.

Croesawu Wyres

(*Merch gyntaf Owain a Nia, Gorffennaf 22, 1995*)

Mali Wynn, storm o lawenydd yn wir
a dorrodd ba hwyrddydd
o gwmpas dinas Caerdydd
a Gwalia benbwygilydd.

Wedi'r aros daethost ti, Mali Wynn,
Mali annwyl inni,
â dawn i droi dau yn dri
ar aelwyd i'w sirioli.

Pen-blwydd Gwerfyl

(*Rhagfyr 19, 1993*)

Ni wnaf, ni feiddiaf i heddiw adrodd
dy oedran yn hyglyw
yr hen chwaer, cyfrinach yw
o hyd . . . ond cymaint ydyw!

Llanrhos

Mwyach, os daw cleiriach claf yr Hydre'
i edrych amdanaf
yn ei rysedd, arhosaf
yn Llanrhos sy'n llawn o'r haf.

I Manon ar ei Phen-blwydd

Addewidion celfyddydwaith heddiw
rown iddi'n y gobaith
na ladd ei beunyddiol waith
ei gwir hoffter at grefftwaith.

Manon

Nid gwaith gwallgof yw gofyn yn wylaidd
o'i gweled bob blwyddyn
a yw'n lodes neu'n flodyn
mewn perth? Ni wyddom ni p'un.

I Manon

(*Ar ei phen-blwydd, 1998*)

Un braf yw'r llwybr ar ei hyd, a llydan
ydyw'r llidiart hefyd;
onid gardd sy'n flodau i gyd
a geir wrth ei hagoryd?

I Manon ar ei Phen-blwydd

Achos in lawenychu yw na all
tywyllwch y fagddu
yn hawdd iawn aros yn ddu
oherwydd dy leueru.

Owen Griffiths

(*Medi 29, 1997*)

Y byd sy'n diasbedain yn ei hwyl
wrth weled yn arwain
mawrion Môn nid hen ŵr main
eithr hogyn pump a thrigain.

I Gareth yn Ddeunaw

Trioglwyth o greigiau'n treiglo a ddaw
yn ddiau i'w flino
ar y daith, ond parhaed o,
yr ieuengwr, i ddringo.

I Mererid Hopwood

(*Ar achlysur ei phen-blwydd yn ddeunaw, ar gais Mari Emlyn)*

Mae rhyw wawr i'r Mererid; un na fedr
yr hen fyd a'i ofid
lygru'i hoen, un 'ddeil â'i gwrid
yn ieuanc ddigyfnewid.

I Lisa Erfyl

(*Chwefror 23, 1998*)

Wrthi'n ei grygni yn grwgnach, Amser
â'n simsan a llegach,
ond Lisa aiff yn dlysach
ganddo bob yn dipyn bach.

Pen-blwydd Gwyn Erfyl yn 70 oed

Gwyn Erfyl, cei gan Arfon ac Einir
hen gân fydd, o'i tharo,'n
siŵr o wneud y siwrne hon
yn daith sy'n llawn bendithion.

Bryn Morris Jones

(*yn ddeugain mlwydd oed*)

Ag efô ar frig ei fywyd heddiw'n
llawn ffydd, yn llawn ysbryd
anorthrech, yn llawn iechyd,
mae Bryn am barhau o hyd.

Heulwen

(*Heulwen Gruffudd, Porthaethwy*)

I lawer sydd yn arlwyo yn sicr
ceir siawns i gynilo,
ond tra hael y bwrdd bob tro
â Heulwen yn ei hulio.

Eira Pari Huws

(*A gymerai hoe y tu allan i stondin y Llyfrgell Genedlaethol ar faes y Brifwyl*)

Yn dawel ddihefelydd ei harddwch
a'i hurddas ysblennydd,
ni fu, nid oes, ac ni fydd
un wraig well yn Llyfrgellydd.

Priodas Anwen ac Afan

(*Capel y Wig, Mai 18, 1991*)

Anwen dawel o Fryn Dewi efo
Afan, ei dyweddi,
yn rhoi'u bryd ar briodi,
yna troi i'w mentro hi

ry achos im ymdrechu i lunio
englynion, a mynnu
eu creu hwy yn gwlwm cry'
na all ymddatod; felly
yn union bydded uniad y ddau hyn
yn ddwys ei wneuthuriad
o'i dynhau dan ordinhad
y Gair yn glwm o gariad.

Priodas Huw a Gillian

(*Ebrill 30, 1993*)

Darperir cyffur purion i'w yfed
at glefyd y galon
gan Gillian lân; o lwy hon,
Huw Feddyg, cymer foddion,

moddion fydd yn ddigonol i atal
y fflytyr parhaol,
eithr, Huw, gad di beth ar ôl
ac na wella yn hollol.

I Dylan a Cathrin

(*Medi 13, 1997*)

Â chwi'n briod, ar ôl codi rhyngoch
chwi'r angor, â ffresni
awel chwim i'ch cynnal chwi,
hwyliwch o'r Felinheli
ar fordaith faith o'r hen fyd i geisio
dieilfro pob delfryd
a'i heddwch; i'w chyrhaeddyd
hwyliwch y cwch ar y cyd.

Gwin Iaith Cariad

(Cyflwynir i Tony a Siân ar ddiwrnod eu priodas)

I'r hen fôr ar hen siwrne faith yr ânt
gan ei throi'n bleserdaith
ac yfed gydag afiaith
arni, finfin, win hen iaith.

Hen yw'r iaith ond o'i harfer hi beunydd,
a beunos ei phrofi,
ni all holl halltrwydd y lli
o'i eigion mo'i halogi.

Iaith ddihalog fydd wrth hwylio'r tonnau
yn gytûn, gan gofio'r
angen am feddu angor
ar daith faith ar draws hen fôr.

Priodas Arian Graham ac Anne

(*Gorffennaf 1991*)

Hyfryd fu gwylio cyfran yr annwyl
ariannof, ac weithian
y mae gwaith, Graham ac Anne,
i'r eurych ar yr arian.

Priodas Ruddem Beti ac Arfon Huws

Wrth ddyfod o'r dyfodol i edrych
ar y fodrwy oesol
boed pelydrau'r aur ar ôl
y rhuddem yn wefreiddiol.

Priodas Aur Dr Tudur a Gwen

Â'r heulwen yn gwrido'r hwyliau, deled
awelon o'r dehau
a rydd, wrth i'r daith barhau,
wawr o aur ar ei horiau.

Ar Ymddeoliad Idris Evans

Trefnydd yr Eisteddfod Genedlaethol yn y De

Y mae yn ddiamheuol i Idris,
y crwydryn blynyddol,
ryw un pafiliwn ar ôl,
un modern, ansymudol.

Yn dawel, â'r dyddiau'n dywyll, yn ail
i Paul gyda'i wëyll,
gweithiaist ti, rhag oerni'r gwyll,
i bobun, nawdd dy bebyll.

Er Cof am O. M. Lloyd

Ei bwt ar ôl pob ateb a roddai
lle'r oedd anghywirdeb
gan waldio ag anwyldeb:
erfyn hwn ni frifai neb.

I Geraint Stanley Jones

(Teithiai i'r Gogledd yn rhinwedd ei swydd fel Pennaeth BBC Cymru)

O'i redówt ar gwr Caerdydd
yn ei freiniol hofrennydd
aeth bós swrth y BBC
i Lŷn yr haf eleni'n
fawr ei awch am brofi'r fro
a'i heddwch, hyd nes iddo
gael hyd i westy distaw
glas ei lawnt yn gêl islaw.

O hofran yn y nwyfre
a gweld toffs ar gael eu te
ar y lawnt yn siriol lu,
yn y fan penderfynu
diweddu'r picnic diddan
ar hast wyllt wnaeth Siwper-Stan,
gomedd i'r bonedd y bwyd
a'r te a baratowyd.

Ac ar ei ben o'r nennoedd
fel saeth y daeth, onid oedd,
ar ôl ei uffernol ffan,
wair echdoe ymhob brechdan,
trol o wair ar 'bate'r wlad',
silwair ar ben y salad.
O hau yno, mewn ennyd,
hadau gwair drwy'r bwyd i gyd
erw o lawnt pob pen ar led,
cae gwair pob ceg agored.

Sôn am hwyl! Y Saeson mud
a chwalodd cyn dychwelyd
yn ei freiniol hofrennydd
i'w redówt ar gwr Caerdydd.

Ystafell

Fel Heledd dal i wylo yr wyf i
â'r fan, lle bu rywdro
lif yr aur o'i leufer o
yn llawn, yn dywyll heno.

Gwenllian

I Walia wirion a chleiriach ni fydd
etifeddiaeth mwyach
â holl enaid ei llinach
yn rhwth fud yn fy nghroth fach.

Ar Lan Bedd Wil Hopcyn

Os Wil y Bardd a waharddwyd o gae'r
gwenith gwyn, os mygwyd
ei lais dan y garreg lwyd
llawn o'i gân yw Llangynwyd.

Y Tri Hyn

Diwerth fu trafferth y tri a gyrchwyd
i garchar y Llwyni;
isel-esgus o losgi
mae perth Penyberth i ni.

Cofia Dryweryn

Â'i argae yn y dirgel y mae'r llyn
mawr llaeth hyd y gorwel,
ac o hyd o'i gwmpas gwêl
y tewion gathod tawel.

Cyfarch Owen Edwards, 1981

Yn darged i'r teledydd, ein heniaith
fu'n dihoeni beunydd,
ond gobaith i'r iaith a rydd
Owen a'i sianel newydd.

Yn gyfrannog o gyfrinach ei daid
a'i dad, Owen bellach
ymry i fyw dros Gymru fach
yn olyniaeth ei linach.

Merched y Wawr

Am ei heinioes rhoi croeso ei mawrhad
mae'r Gymraes i'r Cymro,
â'i haelodau'n cofleidio
ei dyn a'i ddyhead o.

Y Prysg

(*Y Cwmni Cyfieithu yn agor swyddfa newydd*)

Dotiwn wrth ganfod o'n deutu y Prysg
yn parhau i dyfu;
oriel yw i adar lu
â chân ein hamgylchynu.

I Angharad Tomos

Â'r hen wastatir anwar o'r tu ôl
fe geir tân croesawgar
i'th gyfarch, wedi'r carchar,
yng nghymoedd y gwerthoedd gwâr.

Cennard Davies

Gall y sawl 'gollws ei iaith a gafael
ei gof yn y diffaith
ruthro i roi athro ar waith
er eu hawlio yr eilwaith.

Anne Brooke

Â hi'n ifanc anghyfiaith, i'r Gymraeg
ymroes, a phleserwaith
Anne Brooke a fu hybu'r iaith,
ei rhoi'i hunan i'r heniaith.

Salem

Yn ysgafn heddiw gwisgi, Siân Owen,
ffasiwn newydd danlli
hollol, ac fe enilli
sylw y Diawl yn dy siôl di.

Sycharth

Tawel lannerch lle mae ei pherchen i'w chael
yn chwilio'n iselben
berl claer yn y grongaer hen,
diemwnt yn y domen.

Merthyr Tudful

Â thân yn dy wythiennau oet, fin Taf,
yn tyfu cyhyrau
nes daeth siarabang angau
i Ryd y Car â'i diciâu.

Enlli

Fin nos dawel uwch Maen Melyn, a yw'r
môr mawr yn bysgodlyn,
ac ai esgus o gysgu
wna llamhidydd llonydd Llŷn?

Enlli

I'r llong a hir ollyngwyd i'r môr mawr
a mirain gwahoddwyd
y llu pererinion llwyd
i wireddu'r fath freuddwyd!

Aberpergwm

Er bod aflendid di-hid diwydiant
yn gosod ei hyll ar eu diwylliant
a'r mwg o'i simnai yn difa'i dyfiant,
eto aruchel o hyd yw trachwant
gwerin y De; gwrandawant ar ganu'r
Aderyn pur uwchlaw drôn y peiriant.

Aberpergwm

Er cwympo o'r to, ac amser a'r tywydd
mawr am y gorau yn crymu'r magwyrydd,
eto deil yma hyder oherwydd
nid yw'r gaea'n para'n dragywydd
â'r gwanwyn ar ei gynnydd yn aros
i alaw'r Llinos eilio'r llawenydd.

Patagonia

Â hi'n chwyrnu yn ei chornel heno
 mae'r genedl yn tawel
amau a yw'r llaeth a mêl
gorau tu draw i'r gorwel.

Patagonia

Wele hi dros gefnfor glas yn alltud
 a'r pellter yn ddiflas,
eto'r un o hyd yw'n tras
a thyner yw'n perthynas.

Patagonia

Nid heb anaf y cafwyd y frodir
 ddelfrydol a geisiwyd,
ond ar lain o'i daear lwyd
yn raddol darfu'r breuddwyd.

Patagonia

Yn ofnus, eto'n ystyfnig y'm gwnaed,
 a chaed am ychydig
ar fy mhaith maith chwarae mig
un anadliad cenhedlig.

Geiriau

Estyn y meini ystyr a'u gosod
ydyw hanfod henfur
ein heniaith, ac mae tynnu'r
un maen yn berygl i'r mur.

Afon Gegin

O ymson uwch Afon Amser y cewch
chwi'r cychwr difater,
Charon, yn gwylio chware'r
oren aur, grawnsypiau'r sêr.

Rhys Lewis

Y patrwm cyntaf 'gafwyd yn eisiau,
a'r ffasiwn 'newidiwyd;
yna llên o frethyn llwyd
i werin a deilwriwyd.

Gorsedd Iolo

Gerbron allor Côr y Cewri y bydd
y beirdd yn addoli,
eithr twyll ei gwneuthuriad hi;
saer maen fu'n crasu'r 'meini'.

Redwood

(Yr oedd nifer o'r coed tal hyn o Galiffornia i'w gweld ar faes Eisteddfod Llanelwedd ym 1993 pan oedd John Redwood newydd benodi'r Arglwydd Dafydd Elis Thomas o Nant Conwy yn Gadeirydd Bwrdd yr Iaith Gymraeg)

Eleni, gweld ar lannau Gwy haerllugrwydd
gwŷr Lloegr yr ydwy'n
palu'n wyllt i'w plannu hwy,
a hynny yn Nant Conwy!

Cerddi natur

Llwyn Crin

Agoryd y wisg eira ar y llwyn
’wna’r Gwanwyn, ac yna,
dan chwerthin, dinoethi ’wna
farwolaeth na feiriola.

Coeden dan Eira

Ail angel yw hi yng ngloywedd ei gwisg
â’i hosgo’n ddiomedd,
ond gau addewid ei gwedd:
mae hi’n grin mewn gwirionedd.

Eirlysiau

Yn ddihalog ddiogel, yn gynnar
bob gwanwyn, fe ddychwel
i’r lawnt ir leianod del
a diwyd blygu’n dawel.

Cadwyn

Mor ddi-hid ac mor ddedwydd wyf yn awr
efo Nain yn celfydd
gydio holl Lygaid y Dydd
yn gwlwm yn ei gilydd.

Eira Ddoe

Gyda'r ddaear yn claearu heddiw,
a'r pridd yn dadebru,
daw haul hefyd i lyfu
eira ddoe ar y Ffridd Ddu.

Oferedd

Bodlonir pan dorrir derwen, fel hyn
y cyflawnir diben
priod ei bod, ond i be'n
y byd y torrir bedwen?

Y Dyn Eira

Er egluro mor glaerwyn yw ei siwt
os yw hi o frethyn
wedi rhewi mae rhywun
yn siŵr o edrych yn syn.

Camfa

Heddiw, er mor drwchus cloddiau'r hydref
wrth im grwydro llwybrau
llawr y cwm, ni ellir cau
drws hiraeth ar drysorau.

Cerddi amrywiol

Ymson yr Anffyddlon

Os gwelais Afon Conwy yn ei llif,
yn llawn o'r rhyferthwy,
gweld, er hyn, ei gwaelod 'rwy'
yn ddi-hid o gerddadwy.

Y Frân Wen

Yn ddigymell o'r gelli daw o hyd
er nad yw'n bodoli,
a ch'lwyddau ei hwyau hi
yn aros i'w deori.

'Swampy'

(*y protestiwr cadwraethol*)

Yn ei frys anweddus ni all y byd
â'i gerbydau cibddall
oresgyn dawn gyfrwysgall
Hen Ŵr y Coed hanner call.

Anne Frank

Taweled dyddiau'r teulu; caf fwynhad
yn cofnodi'r rheiny,
ac 'rwyf fi'n ysgrifennu,
i'n cadw oll, ag inc du.

Nelson Mandela

Heb ymateb dim i watwar a dig
ei gymdogion anwar
gwarchod y bu'n ei garchar
i'r oesoedd y gwerthoedd gwâr.

Cân Shân

(*Er cof am Shân Emlyn*)

Rywsut, er bod pob croeswynt yn gyrru,
cael y gorau arnynt
wna'r alaw er eu helynt,
a'r gân sydd yn drech na'r gwynt.

Er Cof am Graham Prosser

(*A fu farw'n ifanc mewn damwain car*)

Nid rhaid i ti'r ehedydd adnabod
anobaith yr hwyrddydd
gan it ddringo'n aflonydd
i wlad well cyn canol dydd.

Canol Oed

Mae gennyf nwyd amgenach yma'n awr
a mwynhau'n cyfathrach
fwyn yr wyf yn arafach,
f'anwylyd, am funud fach.

Canol Oed

Wedi'r dringo dyfal, caled yma
mae'r trumiau i'w cerdded
yn braf, ond mae i barêd
Eryri oriwaered.

Canol Oed

Mae'r risg wrth ymroi i esgyn ar naid hir
yn naturiol; wedyn
y dasg sy'n wynebu dyn
yw esgus peidio â disgyn.

Wimbledon

'Rwyf yma yn gwylio'n llonydd y bêl
o'r naill ben i'w gilydd,
a thra bwyf ar ei thrywydd
mae 'na risg daw 'mhen i'n rhydd.

Dewis

Yn fyw iawn yn fy nghof i o gyfnod
hen res gefn y *County*,
gwell, saith ugeinwell, genn'i
fu Ann Lloyd na Vivienne Leigh.

Natur Dynion

Oet barod iawn, Brigitte Bardot,'n hudo
â'th nwyd dy gariadon
mwyn heb weld mai, yn y bôn,
rhai dienaid yw dynion.

Cyfrifiadur

Yn gostog o ddigwestiwn â'i galon
yn dawnsio'n ddidensiwn,
mae'n dda cael ymennydd hwn
yn mesur heb emosiwn.

Cyfrifiadur

Gan y biwrocrat yr ateb a ddaw
yn ddi-dderbyn-wyneb
bob digid, ond nid oes neb
â geirda i'w gywirdeb.

Mur

Gan mor oer, gan mor erwin hyd oror
Dwyrain a Gorllewin
oedd y gaer, bwriodd gwerin
ei mur i lawr ym Merlin.

Taflegrau'r 'Cruise'

Bechod! Â'r plantos bychain yn cael hwyl,
fe ddaw clown ar ddamwain
i gau'r holl syrcas gywrain
wrth ddofi'r arth efo'r rhain.

Cap Stabal

Cipio rhagor na choron y werin
wnaeth *Barbouriaid* Mamon.
A geir hawl, drwy'r ddaear gron,
na ddygwyd gan 'fyddigion'?

Cwpwrdd

Annichon i'n cyfrinachau aros;
er bario o'r drysau
arnom ni mae rhai'n mwynhau
agor *boudoir* sgerbydau.

Addysg

Yn ddi-au defnyddio o hyd mae hwnnw
sy'n hwsmona'n ddiwyd
a diflin ei egin ŷd,
adnoddau gorau'u gweryd.

Dysg

Er i ddyn, â pheth rhwyddineb, weled
dirgelion arwyneb
y môr, ni ŵyr nemor neb
yr hyn sy' dan yr wyneb.

Dysg

Er dangos rhyfeddod blodyn ymroi
mae'r haul fesul tipyn
i ryddhau'r petalau tynn
a geir ymhob blaguryn.

Epigramau

Da i ddim yw tamaid ddoe
neu frechdan ofer echdoe.

Y gŵr sicr pan groeso Ŵy
angau hwn fydd yng Nghonwy.

Er na ellir un hyllach
hwch nid hyll i berchyll bach.

Yn ara' deg y llegach
gymer bwyll â'i gamre bach.

Er ei bost putain yw'r byd
yn feichiog gan afiechyd.

Ai fel dau dy fola di?
Ar drachwant yr edrychi.

I un ŵyr sut i'w mwynhau
hi'r ffordd hir yw'r ffordd orau.

I ŵr â'i feddwl ynghau
afraid yw agor llyfrau.

Da y gwn mai da i gar
ieuenctid ambell bynctiar.

Brwydr Coedlan Mametz

Nineteen Fourteen;
bryd hynny
fe dyfai coed ifainc
ym Mhicardie, aceri di-hid
ohonynt yn eu hoen,
ac o lasbren i lasbren awelai asbri
drwy irder diamser eu dail.

Nineteen Sixteen:
onid yw hi'n gamp dwyn i gof
y coed ifainc a dyfai
ym Mametz?
Ble maent?

NODIADAU AR Y CERDDI

Nodyn Gwreiddiol gan T. Arfon Williams yn *Englynion Arfon*

Tud. 32. 'Pontypridd': codwyd 'yr hen bont' ym Mhontypridd ar ôl tair ymgais ofer gan y Parch. William Edwards (1719-89), gweinidog Y Groeswen.

Nodiadau Gwreiddiol T. Arfon Williams yn *Annus Mirabilis a Cherddi Eraill*

Tud. 81. 'Cân y Bugail': Cân y Caniadau 2:10-13 a 16.

Tud. 81. 'William Salesbury': yn ei lythyr annerch Lladin yn *Kynniver llith a ban* dywed ' . . . rhoddais bwys mawr ar y Roeg gan ddewis (fel y dylid) y ffynnon o flaen yr afon'. Dan gronglwyd yr Esgob Richard Davies yn Abergwili y cyfieithodd y Testament Newydd.

Tud. 82. 'Y Ffordd': Eseia 40:3 a 4.

Tud. 87. 'Ffenestr Liw': Eseia 6:1-8.

Tud. 88. "Rhwydwaith Dirgel Duw": o'r gerdd 'Brawdoliaeth', Waldo Williams, y daw'r teitl a'r ymadrodd 'cyflawn we'.

Tud. 89. 'Bendithion' (englyn 3): 1 Brenhinoedd 17:8-16.

Tud. 90. 'Y Fendith': Genesis 32:26-28.

Tud. 90. 'Bendith' (englyn 1): Ecsodus 16:14,15.

Tud. 96. '*Afiaith yng Ngwent*': teitl llyfr Mair Elvet Thomas ar Gymreigyddion y Fenni.

Tud. 98. 'Er Cof am y Capten Jac Alun Jones': bu farw'r Capten ar drothwy Eisteddfod Genedlaethol Abertawe 1982 mewn hiraeth mawr am ei briod.

Tud. 98. 'Gorffen 'Barddota'': enw cyfres o raglenni teledu y cefais ran ynddi gyda W. R. Evans, Dic Jones ac Alan Llwyd. Y diweddar annwyl O. M. Lloyd fyddai'n cadeirio.

Tud. 98. 'Mor Bihan': ar wyliau ger y Môr Bychan ni chlywsom y Llydaweg o gwbl a daeth geiriau Waldo Williams i'r cof:

A geiriau bach hen ieithoedd diflanedig,
Hoyw yng ngenau dynion oeddynt hwy,
A thlws i'r clust ym mharabl plant bychain
Ond tafod neb ni eilw arnynt mwy.

Tud. 99. 'Iechyd Cymdeithas': lluniwyd ar gyfer cwrdd Cyfadran Feddygaeth Gymunedol Coleg Brenhinol y Ffisigwyr yng Nghaerdydd, 1981.

Tud. 99. 'Cylch Cinio Cymraeg Caerdydd': lluniwyd ar gyfer dathlu degfed pen-blwydd ar hugain y Cylch ym 1981.

Tud. 117. 'Priodas Arian': gyda chaniatâd caredig Bernard a Valmai Evans.

Nodiadau Gwreiddiol T. Arfon Williams yn *Cerddi Arfon*

Tud. 127. 'Gwin y Gair': cyhoeddi'r Beibl Cymraeg Newydd.

Tud. 128. 'Rhagfyr 1989': dymchwel cyfundrefnau comiwnyddol yn Nwyrain Ewrop.

Tud. 129. 'Rhagfyr 1990': paratoi at ryfel yn y Dwyrain Canol.

Tud. 130. 'Llanddewi': yr unig eglwys Anglicanaidd i oroesi yn Y Wladfa. Ceir cloch o eglwys Llanllyfni yn ei thŵr. Aderyn yw'r *tero*.

Tud. 137. 'Dechrau Blwyddyn': 1 Pedr 5:8.

Tud. 137. 'Y Sioe': Tlws Coffa Roy Stephens, Llanelwedd 1993.

Tud. 137. 'Y Dyn Modern': 'Today the character of man is reduced to an interrogation mark in a world in which everything without exception is to be questioned'; *The Self in Modern Literature 3*, Charles I. Glicksberg.

Tud. 138. 'Cain': Genesis 4:16.

Tud. 138. 'Tu Faes i Fur y Dre'': gan dybio mai tomen ysbwriel Jerusalem oedd Golgotha, ac wedi gweld lluniau teledu o bobl yn chwilio tomenni o'r fath am foddion i'w cynnal.

Tud. 138. 'Gwastraff': Marc 14:3-9.

Tud. 139. 'Paid ag edrych . . .': Diarhebion 23:31, 32.

Tud. 140. 'Pantycelyn': 'Fe redodd y Llyfr hwn allan o'm hysbryd fel dwfr o ffynnon, neu we'r pryf copyn o'i fol ei hun'; *Bywyd a Marwolaeth Theomemphus*.

Tud. 141.'Pulpud': Marc 3:7-9.

Tud. 142. 'Cyffro': 2 Samuel 5:24.

Tud. 143. 'Criw'r *Belgrano*': llong a suddwyd yn ddiangen yn rhyfel Ynysoedd Malvinas.

Tud. 143. 'Gwastraff': Eisteddfod Genedlaethol Ceredigion 1992.

Tud. 143. 'Coflech Hedd Wyn': dadorchuddiwyd hwn yn Pilkem, Fflandrys yng Ngorffennaf 1992.

Tud. 144. 'Côr Cydwladol Ieuenctid dros Heddwch': cynullwyd y côr gan fyfyrwyr Coleg Prifysgol Cymru Aberystwyth ym 1985.

Tud. 144. 'Y Dieithryn': Luc 24:28.

Tud. 145. 'Rhieingerdd': benthyciwyd teitl cerdd John Morris-Jones, a mwy.

Tud. 148. 'Doli': 'Iaith ydyw cof cenedl, a phan gyll ei hiaith cyll ei chof, a gwallgof fydd,' Lewis Valentine.

Tud. 148. 'Egin': Eisteddfod Genedlaethol De Powys 1993.

Tud. 150. 'Cyrn Cyfieithu'r Eisteddfod': 'Ni wnaed cerdd ond er melyster i'r glust, ac o'r glust i'r galon'; *Pum Llyfr Cerddwriaeth*, Simwnt Fychan.

Tud. 150. "Y Bwthyn Bach": rhoddwyd hwn yn anrheg 'gan bobl Cymru' i ferched bach brenin Lloegr ym 1937.

Tud. 151. 'Sycharth': Tlws Coffa Roy Stephens, Castell-nedd 1994.

Tud. 154. 'Ffarwél Criw'r *Dinesydd* i Merêd a Phyllis': papur bro Caerdydd. Bu Meredydd a Phyllis Evans ymhlith ei sefydlwyr.

Tud. 155. 'Eigra Lewis Roberts': 'Rhodd enbyd yw bywyd i bawb', Saunders Lewis.

Tud. 156. '*Hwyl* Ifor Owen': bu'n cynhyrchu'r comic am flynyddoedd lawer.

Tud. 156. 'Cyfarch Meic Stephens': Golygydd *Cydymaith i Lenyddiaeth Cymru* a *The Oxford Companion to the Literature of Wales*. Cyhoeddwyd y ddau ar Ŵyl Ddewi 1988.

Tud. 157. 'R. S. Thomas': trafodwyd yr englyn hwn yn *Barddas*, rhif 202, Chwefror 1994.

Tud. 158. 'D. Gwyn Evans': 'Englyn yr Wythnos' yn Eisteddfod Casnewydd 1988.

Tud. 159. 'Syr Cennydd Traherne': bu'n Rhaglaw ar yr hen sir Forgannwg ac ar y tair sir a sefydlwyd yn ei lle ym 1974. Ysgythrwyd yr englyn ar ddesgl wydr a gyflwynwyd iddo wrth ymddeol ym 1985.

Tud. 163. 'I Megan Wynn Jones': mam Einir, a'i phlant yn ei chyfarch.

Tud. 169. 'Er Cof: Edgar Wynn Jones': tad Einir.

Tud. 170. 'Coffáu'r Rhai Bach': lluniwyd i'w osod ar glawr Llyfr Coffa i Fabanod mewn ysbyty.

Tud. 171. 'Amser': lluniwyd ar gyfer Defod Tlws y Ddrama yn Eisteddfod Casnewydd 1988.

Tud. 171. 'Bryniau': Eisteddfod Cwm Rhymni 1990.

Tud. 172. 'Ym Mlaenau'r Rhondda Fawr': saer coed o brydydd oedd Tomos Howel Llywelyn (1780-1851). Fe'i claddwyd ym mynwent yr hen gapel Libanus ar Waun Pwll Brwyn, eiddo fferm Cwm Seibren. Ar dir y fferm honno ym 1850 y suddwyd y pwll glo cyntaf ym mlaenau Glyn Rhondda gan Ardalydd Bute. Enwau ar ffermydd, ac ar lofeydd maes o law, oedd Tŷ Draw a Thŷ Newydd.

Tud. 176. 'Cyfrifiadur': Eisteddfod Genedlaethol Castell-nedd 1994.

Tud. 179. 'Pentref Porth Meirion': ceir cyfeiriad yma at Hydra, yr ynys yng ngwlad Groeg a'i phentref prydferth yn denu miloedd o dwristiaid, ac at yr anghenfil y bu'n rhaid i Heracles ymgodymu ag ef. Pe torrid un o'i aml bennau tyfai eraill yn ei le.

Tud. 179. 'Non': yn ôl Rhygyfarch treisiwyd hi gan Sant, brenin Ceredigion, er mai lleian oedd.

Tud. 182. 'Llaw': cafodd fy nhad gystudd hir ar ddiwedd ei oes.

Tud. 182. 'Llaw': Eisteddfod Genedlaethol Llanbedr Pont Steffan 1984.

Tud. 183. 'Cwlwm': Eisteddfod Genedlaethol Dyffryn Conwy 1989.

Tud. 184. 'Yr Hen Sul Cymreig': Tlws Coffa Roy Stephens yn Aberystwyth 1992.

Tud. 187. 'Enw': cyfeirir at fedd y milwr dienw yn Abaty Westminster.

NODIADAU YCHWANEGOL AR Y CERDDI

Englynion Arfon

Tud. 23. 'Y Bywyd Newydd': 'Yr Hen Ddihenydd': Duw ar wedd hynafgwr, 'un hen o ddyddiau', fel yr ymddangosodd yng ngweledigaeth Daniel. Gw. Daniel 7:9, 13, 22.

Tud. 26. 'Y Butain': Mair Magdalen, a olchodd draed Iesu Grist â'i dagrau a'u sychu â'i gwallt. Gw. Luc 7:38.

Tud. 28. 'Llyn Bethesda': Ioan 5:2-9.

Tud. 29. 'Ogof Platon a Drych Paul': credai Plato, yr athronydd o Athen a chyfaill Socrates, fod byd o wir sylweddau yn bodoli y tu hwnt i'n byd ni. Cip yn unig ar y sylweddau hyn a gawn ni yn y byd hwn. Mae'r gwirionedd yn bodoli mewn byd arall, ac yn rhan o'r Drefn Dragwyddol, trefn na allwn ond ei lled-amgyffred yn y byd hwn. Rhithiau mewn ogof yn unig a welwn, cysgodion yn hytrach na'r sylweddau eu hunain, ond mae'r enaid yn gweithredu fel lladmerydd rhwng y ddau fyd, fel y gallwn o leiaf gael rhyw amcan o'r sylwedd ei hun; ond gwybodaeth amherffaith yn ei hanfod yw ein gwybodaeth ni o fyd y gwir sylweddau ac o'r gwirionedd. Ceir 'drych Paul' yn I Corinthiaid 13:12: 'Canys gweled yr ydym yr awr hon trwy ddrych, mewn dameg'. Yn ôl Paul, golwg amherffaith yn unig a gawn, yn y byd hwn, ar y byd ysbrydol a thragwyddol. Adlewyrchiad amherffaith o'r byd ysbrydol yw'r byd hwn. Mae'r ddau englyn yn dwyn cymhariaeth rhwng syniadaeth Plato a syniadaeth Paul, a'r ddau yn mynd i'r un cyfeiriad yn union.

Tud. 31. 'Ann Griffiths' (englyn 4): mae'r llinell olaf, 'a foddodd mewn rhyfeddod', yn cyfeirio at yr hyn a ddywedodd yr emynyddes mewn llythyr at John Hughes, Pontrobert: '. . . y mae fy meddwl yn boddi gormod i ddweud dim yn ychwaneg ar y matter . . .'

Tud. 37. 'Cyngor': gw. Barnwyr, pennod 16.

Tud. 52. 'Y Llwynog': 'Richelieu'r wig': cyfeiriad at glogyn coch Cardinal Richelieu, y gwladweinydd a'r prelad o Ffrainc.

Tud. 65. 'Y Cwm': 'Mab Anac': cyfeirir at 'feibion Anac' droeon yn yr Hen Destament, ac fe'u disgrifir fel 'cewri' ('Ac yno y gwelsom y cewri, meibion Anac': Numeri 13:33) a 'pobl fawr ac uchel, meibion Anac' (Deuteronomium 9:2). Trigai meibion (sef disgynyddion) Anac yn y mynydd-diroedd.

Tud. 66. 'I Gyfarch *Y Gloran*': cyfeirir yma at y traddodiad y gallai'r wiwer, pan oedd Y Rhondda yn goed i gyd, sboncio o frigyn i frigyn o Ben-pych i Bont-y-pridd heb roi ei throed ar y ddaear unwaith.

Tud. 66. 'R. E. Griffith': er mai yn Lerpwl y ganed R. E. Griffith, symudodd y teulu i Abercynon ym Morgannwg ym 1923, ac yno, gyda dau lanc ysgol arall, sefydlodd Adran gyntaf yr Urdd yn y De. Ym 1932 ymunodd â staff yr Urdd fel Trefnydd y De, a'i ddyrchafu yn Brif Drefnydd ym 1935 ac yn Gyfarwyddwr y Mudiad ym 1959. Gwasanaethodd yr Urdd am ddeugain mlynedd i gyd, a chofnododd hanes y Mudiad mewn tair cyfrol. Mae'r hir-a-thoddaid yn cyfeirio hefyd at y gerdd anhysbys o'r unfed ganrif ar bymtheg, 'Coed Glyn Cynon', sef y goedwig o dderw a bedw a lanwai Gwm Cynon o Benderyn i Abercynon. Torrwyd y coed hyn gan ddiwydianwyr o Loegr i gael golosg ar gyfer toddi haearn, a dyna fyrdwn y gerdd anhysbys.

Tud. 71. 'Branwen': Branwen ferch Llŷr yn *Pedair Cainc y Mabinogi*. Gorfodwyd Branwen gan ei gŵr Matholwch, y Gwyddel, i weithio yn y gegin yn gosb am y sarhad a dderbyniasai'r Gwyddyl yng Nghymru. Ar ôl tair blynedd o gaethiwed a chosb yn Iwerddon, mae Branwen yn anfon neges gydag aderyn drudwy i Gymru at ei brawd Brân, i ddweud wrtho am ei thrueni.

Tud. 71. 'Y Ffin': 'aeres Tren': Heledd, chwaer Cynddylan ap Cyndrwyn, a fu farw wrth amddiffyn Tren yn Swydd Amwythig, yn ôl yr englynion saga enwog o'r nawfed neu'r ddegfed ganrif.

Annus Mirabilis a Cherddi Eraill

Tud. 88. 'Fel yr Wyf': gw. soned Gwenallt, 'Pechod'.

Tud. 98. 'Drudwy Branwen': gw. y nodyn ar 'Branwen' yn *Englynion Arfon*.

Tud. 107. 'Y Gwynt': 'Garrick/y gyrwynt': David Garrick (1717-1779), actor, dramodydd a rheolwr theatr enwog.

Cerddi Arfon

Tud. 144. 'Lleidr': ceir nodyn ar yr englyn gan T. Arfon Williams: 'Y mae'r lleidr ar y groes yn cynrychioli'r ddynoliaeth gyfan ond ar Galfaria dygir oddi arno y peth pwysicaf a fedd gan Leidr Mwy ('Mawr ym Methlem a Chalfaria'), mawr ei gamwri yng ngolwg yr awdurdodau wrth iddo honni perthynas arbennig â Duw. Mae i'r blaenddodiad 'Ad-' sawl ystyr posibl: 1) Tra = arbennig; 2) Ail = 'Adda'r Ail'; 3) Drwg = yn eironig, wrth gwrs, fel y mae i'r gair 'Adyn' yr ystyron 'truan' (*wretch*) a dihiryn (*scoundrel*), un yn dal wrth ei waith hyd yn oed wrth farw'.

Tud. 151. 'Sycharth' (englyn 1): 'bryn glas': cyfeiriad at linell Iolo Goch. 'Tŷ pren glân mewn top bryn glas', yn ei gywydd i Lys Owain Glyndŵr yn Sycharth.

Tud. 157. 'R. S. Thomas': ceir nodyn gan Arfon ar yr englyn yn *Barddas*, rhif 202, Chwefror 1994, tt. 1-2, dan y pennawd 'Geni Cerdd':

> Ychydig, mae'n wir, a wn i am adar y glannau ond gwelais fili-dowcar sawl gwaith a digwydd ei weld bob tro ar ei ben ei hun ar graig uwchben y dŵr. Ni ddigwyddais ei weld yn plymio ond mae ei enw yn awgrymu mai dyna a wna. Nid y môr yw ei briod elfen ond ohono y daw ei gynhaliaeth o fynd iddo o bryd i'w gilydd i'w chyrchu. Credaf fy mod eisoes yn gweld yn yr aderyn hwn ddelwedd o R. S. Thomas, lliw ei blu yn glerigol syber ac osgo ei ysgwyddau wrth glwydo yn awgrymu ffurf cochl ar gefn offeiriad o flaen allor. Gallai, gallai'r graig y safai arni gynrychioli'r eglwys, a beth oedd y môr o'i flaen ond y cariad dwyfol diderfyn?
>
> . . . Un peth a'm blinai'n fawr oedd yr enw diurddas ond pan gofiais mai'r enwau parchus arno oedd 'morfran' a 'mulfran' yr oeddwn yn eithaf bodlon oblegid onid Morfran oedd mab Ceridwen y bwriadwyd cynnwys y pair hud, sef y ddawn farddoni, ar ei gyfer? Dyna gyfiawnhau'r llythyren fras yn llinell glo yr englyn ond beth am yr ail linell? Wel, ie, 'rwy'n derbyn bod angen llythyren felly ar yr Anras hefyd. 'Roeddwn am gyfleu aflendid pechod ac, ie, darlun o olew ac ysbwriel yn llygru'r glannau oedd gennyf ond 'roeddwn am geisio cyfleu hefyd ei rym dinistriol a bûm yn petruso peth rhwng 'er mor gryf' ac 'er mor groch'. Dewisais yr ail gan fod angen cyfleu'r methiant i foddi'r gri, a chri yn hytrach na chân ydyw, cri ddolefus un sy'n ceisio cyfoeth y gras hwnnw sy'n ymestyn o'i flaen ond un sydd 'allan o'i elfen' ynddo.

Tud. 171. 'Bryniau': 'am fur fy mebyd': cf. 'Preseli', Waldo Williams, 'Mur fy mebyd, Foel Drigarn, Carn Gyfrwy, Tal Mynydd . . .'

Cerddi Eraill

Tud. 191. 'Y Tri': Daniel 3:24, 25.

Tud. 191. 'Duw Biau Edau Bywyd': gw. Daniel, pennod 5, yn enwedig Daniel 5:23: '. . . y Duw y mae dy anadl di yn ei law, a'th holl ffyrdd yn eiddo'. Ystyr *Mene* yn ôl Daniel 5:26 yw 'Duw a rifodd dy frenhiniaeth, ac a'i gorffennodd'. Priodolir y cwpled 'Duw biau edau bywyd/A'r hawl i fesur ei hyd' i Daniel Evans, Daniel Ddu o Geredigion (1792-1846).

Tud. 193. 'Nadolig 1997': lluniodd T. Arfon Williams yr englyn ar ôl iddo glywed gan y meddygon ei fod yn glir o'i afiechyd, am y tro.

Tud. 194. 'Bwlch' (englyn 2): mae'n ymddangos mai'r 'bwlch' rhwng dyn a Duw a achosir gan ddelw-addoliaeth yw'r bwlch yn y teitl, y bwlch hefyd rhwng gau-dduwiau a'r gwir Dduw. Condemniwyd delw-addoliaeth bob tro gan yr Apostolion. Gwrthwynebwyd cenhadaeth Paul yn Effesus gan Demetrius, gof arian yr Effesiaid, lluniwr delwau a gwneuthurwr 'temlau arian i Diana', oherwydd y byddai'r Efengyl newydd yn peryglu ei fywoliaeth ef a'i gyd-grefftwyr, a rhoddodd derfyn ar waith cenhadol Paul yno. 'Roedd yr 'Effesiaid ffôl' yn 'addoli y dduwies fawr Diana, a'r ddelw a ddisgynnodd oddi wrth Jupiter'. Er bod Paul a'i gyd-efengylwyr wedi diddymu gwerth y delwau daearol hyn am byth gyda'r Efengyl newydd, ac er bod y delwau wedi cael eu dinistrio, 'roedd rhai 'Effesiaid ffôl' yn mynnu glynu wrth yr hen ddelwau diwerth hyn. Felly ninnau, addolwyr delwau a gwrthrychau'r byd modern. Gw. Actau 19:23-41.

Tud. 194. 'Ffenestr Capel Henllan, Cwm Honddu': lluniwyd yr englyn hwn ar gais Seiriol Davies, Caerdydd, a ofynnodd i Arfon weithio englyn i gyfleu rhyw syniad 'am gapeli'r wlad, canu carolau a'r sain yn cario i'r tu allan, goleuni a disgleirdeb ffenestri – ffenestri'n goleuo, yn cysylltu'r tu allan a'r tu mewn, man cyfarfod, ac yn y blaen'. Meddai Arfon am yr englyn: 'Wrth ystyried y cais yr oeddwn yn gweld ffenestr y capel fel cyswllt rhwng dyn a Duw, rhwng y tu mewn a'r tu draw, yn sianel i'r ymwneud rhwng y naill a'r llall. Yr oedd y ffrâm yn awgrymu ystrwythur addoliad, boed hwnnw yn litwrgïaidd neu'n rhydd (*Capel Henllan*), a'i diben oedd cynnal y chwareli sy'n caniatáu i'r goleuni a'r gwres ddyfod i mewn'. Gw. *Barddas*, rhif 245, Mawrth/Ebrill 1998, t. 41.

Tud. 195. 'Sŵn' (englyn 1): 2 Samuel 5:24.

Tud. 195. 'Awr': Mathew 26:38, 40; Marc 14:34, 37; Ioan 18:1.

Tud. 196. 'Cap Stabal': ceir y nodyn hwn ar yr englyn gan T. Arfon Williams: 'Yn ôl yr hen goel, plentyn arbennig yw hwnnw a enir â gweren eni neu freithell (sef gweddillion y bilen amniotig) dros ei ben. Darogenir iddo ddyfodol rhyfeddol'.

Tud. 199. 'Cyhoeddi *Llawlyfr y Beibl*': Gwilym H., sef yr Athro Gwilym H. Jones.

Tud. 199. 'I'r Eglwys': lluniwyd yr englyn hwn ar achlysur ordeinio a sefydlu y Parchedig Geraint Tudur yn weinidog Eglwys Ebeneser, Caerdydd, Gorffennaf 20, 1978.

Tud. 200. 'Ar Achlysur Dadorchuddio Cofeb y Parchedig Lewis Powell ym Mynwent Cathays, Caerdydd': symudwyd gweddillion y rhai a oedd wedi cael eu claddu ym mynwent yr hen Eglwys Ebeneser, Caerdydd, i fynwent Cathays, er mwyn gallu datblygu canol y ddinas. Yn eu plith 'roedd gweddillion gweinidog cyntaf yr eglwys, sef y Parchedig Lewis Powell (1788-1869), gŵr o Ddefynnog, Sir Frycheiniog. Penderfynodd gweinidog a diaconiaid Eglwys Ebeneser sefydlu cronfa gyda'r bwriad o osod maen i goffáu Lewis Powell ym mynwent Cathays. Cynhaliwyd gwasanaeth i ddadorchuddio cofeb i Lewis Powell ym mynwent Cathays ar Fedi 16, 1989. Dadorchuddiwyd y gofeb gan T. Arfon Williams.

Tud. 200. 'Chwarter Canrif y Parchedig Ronald Williams': 'Roedd gan Ronald Williams ddiddordeb erioed mewn gwaith coed. Ef oedd gweinidog Arfon a'i deulu ar ôl iddyn nhw symud i'r Gogledd.

Tud. 200. 'I Dafydd Hughes': capten tîm Caernarfon yn Nhalwrn y Beirdd, y tîm yr oedd Arfon yn aelod ohono; cyn-Arolygydd gyda'r Heddlu a aeth i'r weinidogaeth, ar ôl dilyn Cwrs Gweinidogion Hŷn yng Ngholeg Prifysgol Cymru, Aberystwyth.

Tud. 201. 'Cerdd Deyrnged i'r Parchedig Emlyn G. Jenkins': lluniwyd ar achlysur ymddeoliad y Parchedig Emlyn G. Jenkins, gweinidog Eglwys Ebeneser, Caerdydd. Cynhaliwyd cyfarfod i ffarwelio ag ef ar Fedi 24, 1977. Cyhoeddodd Emlyn G. Jenkins gofiant i Elfed ym 1957.

Tud. 202. 'Mair Davies, Gwladfa Patagonia': yn enedigol o Bentre-cwrt, Llandysul, mae'n rheolwraig lyfrau Cymraeg a Christnogol yn Nhrelew, Patagonia.

Tud. 204. 'Ar Ben-blwydd Einir (*Ynys Cyprus, Hydref 1996*)': Aphrodite: duwies cariad a serch erotig yn chwedloniaeth glasurol Gwlad Groeg. Enw arall arni yw 'Cypris'. 'Roedd canolfan addoliaeth hynafol iddi ar Ynys Cyprus.

Tud. 205. 'Hen yw, ond afon yw hi o gariad . . .': daw'r teitl o englyn arall gan T. Arfon Williams: 'Ein Priodas (Ar ben 25 mlynedd)' yn *Cerddi Arfon*.

Tud. 210. 'Pen-blwydd Gwerfyl': chwaer Arfon. Ceir englyn iddi hi a'i phriod, 'Priodas Arian Gwerfyl ac Emlyn', yn *Cerddi Arfon*.

Tud. 210. 'Llanrhos': cartref mam-yng-nghyfraith Arfon, lle'r arferai aros ambell dro pan fyddai'n teithio gyda'i waith.

Tud. 210. 'I Manon ar ei Phen-blwydd': Manon Griffiths, ffrind i Arfon a'r teulu, a phriod Owen Griffiths, gwrthrych yr englyn sy'n dilyn yr englynion i Manon. Bu'r ddau deulu yn ffrindiau ers dyddiau Caerdydd.

Tud. 212. 'I Gareth yn Ddeunaw': mab Owen a Manon Griffiths.

Tud. 213. 'Bryn Morris Jones': deintydd ym Môn, un o sefydlwyr y Gymdeithas Ddeintyddol gydag Arfon. Arfon oedd Llywydd cyntaf y Gymdeithas.

Tud. 213. 'Priodas Anwen ac Afan': lluniwyd ar achlysur priodas Afan ab Alun ac Anwen Tydu, merch Jon Meirion Jones (awdur *Teulu'r Cilie* a *Morwyr y Cilie*) ac Aures.

Tud. 214. 'Priodas Huw a Gillian': Huw: mab Bernard a Valmai Evans, y ceir englyn i ddathlu eu priodas arian yn *Annus Mirabilis a Cherddi Eraill*. Ceir englyn er cof am Bernard Evans, y llenor o Garwe, Sir Gaerfyrddin, yn wreiddol, yn *Cerddi Arfon*. Bu farw Bernard Evans ym 1991. Lluniodd nifer o nofelau ar gyfer pobl ifainc, a chyhoeddwyd ei gyfrol olaf, *Y Meini'n Siarad*, ym 1992.

Tud. 214. 'I Dylan a Cathrin': ar achlysur priodas Dylan Williams a Cathrin, merch Ieuan Wynn Jones (brawd Einir) ac Anwylyd Owen Jones, merch Capten Jac Alun Jones a chwaer Jon Meirion Jones. Ceir englyn i ddathlu Priodas Arian y ddau yn *Cerddi Arfon*: 'Priodas Arian Ieuan ac Anwylyd'.

Tud. 215. 'Gwin Iaith Cariad': Siân yw chwaer ieuengaf Emyr Lewis.

Tud. 215. 'Priodas Arian Graham ac Anne': Anne: chwaer Einir.

Tud. 215. 'Priodas Ruddem Beti ac Arfon Huws': pensaer wrth ei alwedigaeth, ac aelod o dîm Talwrn y Beirdd Llanengan, yw Arfon Huws. Mae'n byw ym Mwlchtocyn yn Llŷn, nid nepell o Abersoch, a chyhoeddodd gyfrol o ysgrifau a cherddi, *Llain yn Llŷn*, yn 2002. Cyhoeddodd Beti hithau gyfrol ym 1990, *O Su y Don,* sef hanes teulu morwrol o Wynedd, dan yr enw Beti Isabel.

Tud. 218. 'Ystafell': cyfeirir at y gyfres englynion 'Stafell Gynddylan' yng Nghanu Heledd.

Tud. 218. 'Gwenllian': Gwenllian, merch amddifad Llywelyn ap Gruffudd, yr aethpwyd â hi i Loegr ar ôl marwolaeth ei mam ar ei genedigaeth a chwymp ei thad ym 1282. Bu farw yn lleiandy Sempringham ym 1335.

Tud. 218. 'Ar Lan Bedd Wil Hopcyn': Wil Hopcyn o Langynwyd, prydydd gwlad o'r ddeunawfed ganrif, y priodolir iddo, ar gam, y gân enwog 'Bugeilio'r Gwenith Gwyn'.

Tud. 220. 'Cennard Davies': dysgodd sawl un i siarad y Gymraeg. 'Roedd Arfon a Cennard Davies yn gyd-ddisgyblion yn Ysgol Ramadeg y Bechgyn, Y

Porth, ac adnewyddwyd y cysylltiad pan aeth Arfon yn ôl i Gwm Rhondda i weithio. Ym mis Medi, 1965, sefydlwyd Cymdeithas Lenyddol Treorci gan y ddau, ac mae'r Gymdeithas honno yn bod o hyd. Traddododd Arfon ddarlith ar 'Yr Englyn' i ddathlu pen-blwydd y Gymdeithas yn 30 oed ym mis Rhagfyr, 1996. Lluniodd Arfon hefyd yr englyn canlynol i Cennard Davies, 'I Dad', wedi derbyn comisiwn gan Branwen ei ferch. Ar achlysur eu priodas ym mis Ebrill 1993, cyflwynodd Branwen Cennard a Matthew Davies gopi o *Cerddi Waldo Williams* (Gwasg Gregynog) i Cennard Davies, a oedd yn dathlu ei ben-blwydd ar yr un diwrnod. Dyma'r englyn, gyda'r chwarae ar eiriau fel 'Priodol' a 'Cynhysgaeth' yn nodweddiadol o Arfon:

Priodol, â mi'n priodi, yw rhoi
fel rhyw ddiolch iti
gyfrol sy'n cynrychioli
fy nghynhysgaeth helaeth i.

Tud. 221. 'Anne Brooke': yn enedigol o Norfolk, Virginia, yn Unol Daleithiau America, daeth i Gymru a dysgodd Gymraeg dan gyfarwyddyd Cennard Davies. Mae hi'n teithio yn ôl ac ymlaen rhwng Cymru ac America, ac mae hi wedi cyfrannu ysgrifau ysgolheigaidd i rai cyfnodolion Cymraeg.

Tud. 222. 'Aberpergwm': plasty ym mhlwy Nedd Uchaf, Morgannwg, a fu'n noddfa i feirdd yng nghyfnod Beirdd yr Uchelwyr, a lle enwog am ei gasgliad unigryw o lawysgrifau. Un o'r beirdd a dderbyniai nawdd y plasty oedd Iorwerth Fynglwyd. Tybir mai Iolo Morganwg a luniodd y fersiwn o *Brut y Tywysogyon* a adwaenir fel *Brut Aberpergwm*. Rhys ap Siancyn (bl. 1430-50) oedd y noddwr hysbys cyntaf. Yn y ddeunawfed ganrif 'roedd y plas yn gartref i Rees Williams, a fu farw ym 1812, a chredir mai ef oedd yr olaf yng Nghymru i gyflogi bardd teulu, sef Dafydd Nicolas (1705?-1774), awdur y gân enwog 'Y Deryn Pur' yn ôl traddodiad ('gwrandawant ar ganu'r/Aderyn pur uwchlaw drôn y peiriant' yn yr hir-a-thoddaid cyntaf). Trowyd y plasty yn yr ugeinfed ganrif yn Swyddfa'r Bwrdd Glo, gydag adfeilion yr hen dŷ y tu cefn iddo. Anfonwyd y ddau hir-a-thoddaid hyn i gystadleuaeth yr hir-a-thoddaid ar y testun 'Aberpergwm' yn Eisteddfod Genedlaethol Nedd a'r Cyffiniau, 1994, ond Tudur Dylan Jones a enillodd y gystadleuaeth honno.

Tud. 224. 'Afon Gegin': ymddangosodd yr englyn hwn yn *Barddas* (rhif 242, Awst/Medi 1997), fel un ymateb o blith nifer i her gan y Golygydd i lunio englyn gyda delwedd a syniad penodol yn fan cychwyn i bob un o'r beirdd. Yn afon Gegin neu Gegid, wrth ymyl fferm o'r enw Bach Riffri, y boddwyd Dafydd Ddu Eryri (David Thomas; 1759–1822) wrth ddychwelyd o Fangor i'w gartref yn Y Fron Olau, Llanrug, ar Fawrth 30, 1822. Mae'r englyn yn cyfeirio at soned R. Williams Parry 'Ymson ynghylch Amser', a'r llinell olaf yn yr englyn yn cyfeirio at y llinell 'Oraens y lleuad a grawnsypiau'r sêr' yn y soned. Cysyllter hefyd â dwy soned arall gan R. Williams Parry, 'Marwoldeb' a 'Hen Gychwr Afon Angau'.

Tud. 228. 'Ymson yr Anffyddlon': gw. yr hen bennill:

> Afon Conwy'n llifo'n felyn,
> Mynd â choed y maes i'w chanlyn;
> Ar ei gwaelod mi rof drithro
> Cyn y trof fy nghariad heibio.

Tud. 229. 'Cân Shân': ystyriai Arfon yr englyn hwn fel rhyw lun o ddilyniant i'r englyn 'Shân Emlyn' yn *Cerddi Arfon.*

Tud. 229. 'Er Cof am Graham Prosser': lluniwyd yr englyn hwn ar gais Cennard Davies, i'w roi ar garreg fedd cyfaill iddo, Graham Prosser, a laddwyd mewn damwain car yn Ne America. Brodor o Lanilltud Fawr, Bro Morgannwg, oedd Graham Prosser. Gweithiai yn Ariannin a Brasil yn gwerthu llyfrau ac offer dysgu Saesneg yn ail iaith. Ar ôl gorfod dysgu Sbaeneg a Phortiwgaleg, teimlai gywilydd na fedrai siarad Cymraeg, ac ar ôl ymweliad â'r Wladfa penderfynodd fynd ati i ddysgu'r iaith. Llwyddodd i'w siarad yn weddol rugl ac ymfalchïai'n fawr yn ei allu i wneud hynny. Yn ôl Cennard Davies: 'Cymeriad lliwgar, aflonydd oedd Graham – Cymro i'r carn – ac mae'r englyn yn gweddu iddo i'r dim'. Mae bedd Graham Prosser ym mynwent Trebefered ym Mro Morgannwg.

Tud. 232. 'Cap Stabal': *Barbour*: cwmni dillad sy'n arbenigo mewn dillad 'gwledig' yr olwg, gan gynnwys capiau stabal. Chwaraeir ar y gair '*Barbouriaid*' ('barbariaid') yma wrth gyhuddo cwmni masnachol o ddwyn dilladau'r werin hyd yn oed i wneud elw.

Tud. 235. 'Brwydr Coedlan Mametz': gw. J. A. Hammerton, *A Popular History of the Great War*, cyf. III, t. 239: 'In . . . 1914 it had consisted of 200 acres of finely cultivated saplings'. Rhan o frwydr y Somme, a ddechreuwyd ar Orffennaf 1, 1916, oedd y cyrch i ennill Coed Mametz. Cyrhaeddodd y frwydr rhwng yr Almaenwyr a phum bataliwn Gymreig ei hanterth ar Orffennaf 11, gyda'r bataliynau Cymreig yn fuddugol, ond lladdwyd miloedd o Gymru. Gw. *Mametz – Lloyd George's 'Welsh Army' at the Battle of the Somme*, Colin Hughes, 1990. 'Roedd tad Arfon yn Is-lifftenant yn y Gatrawd Gymreig adeg y Rhyfel Mawr, a chymerodd ran yn un o gyrchoedd Coed Mametz.